HEYNE BÜCHER

W0352856

HEYNE KOCHBÜCHER

WOLFRAM SIEBECK

Frisch gewürzt ist halb gewonnen

Ein Kochseminar über die Kunst des Würzens

WILHELM HEYNE VERLAG
MÜNCHEN

HEYNE KOCHBUCH
07/4631

Printed in Germany 1993
Umschlaggestaltung: Atelier Ingrid Schütz, München
Umschlagfoto: Studio Teubner, Füssen
Innenfotos: Richard Stradtmann
Druck und Bindung: RMO-Druck GmbH, München

ISBN 3-453-05421-0

Inhaltsverzeichnis

Vorwort

Das Wort »Geschmack« hat in der deutschen Sprache zwei Bedeutungen. Einmal ist er das, was wir empfinden, wenn wir etwas Saures oder Süßes oder Salziges auf der Zunge haben. Zum anderen bezeichnet Geschmack die Fähigkeit, das Schöne vom Häßlichen, das Echte vom Falschen zu unterscheiden. Beim Kochen, sollte man meinen, kommt es vor allem auf die erste Definition an. Der gute Geschmack, den jemand hat, der sich mit Kunst und nicht mit Kitsch umgibt, spielt hier eine geringere Rolle. Das trifft auf die Hochküche jedoch nicht zu. Dort, wo so gekocht wird, wie man in Salzburg musiziert, dort sind Kriterien jenseits der Süß-sauer-Wahrnehmung oft wichtiger als diese. Im Extremfall – und der ist in der feinen Gastronomie nicht selten – interessiert den Koch nur die Ästhetik des Gekochten. Das Schöne und das Feine, im entsprechenden Rahmen präsentiert, wird zum Inhalt; der eigentliche Geschmack zur Banalität degradiert. Das Resultat ist geschmäcklerisch.
Wenn der Geschmack einer Speise als selbstverständlich vorausgesetzt wird, als etwas, worüber nicht viel Worte gemacht werden müssen, dann wird auch der Vorgang, der den Geschmack bewirkt, mit verminderter Aufmerksamkeit bedacht: Gewürzt wird mit der linken Hand. Deshalb sind die teuren Menüs in den berühmten Restaurants oft unbefriedigend. Die Küchenchefs kochen wie die Juweliere: prächtig,

prunkvoll, prätentiös. Aber mit dem Geschmack hapert es.

In der Alltagsküche hapert es mit dem Geschmack fast immer. Salz und Pfeffer ja, das weiß man, die gehören ins Essen. Und wenn die gute Mutter eine Speckschwarte mitkocht, und die Vollwertköstlerin ein Stück Sellerie in den Reis schiebt, dann ist damit schon der Gipfel der bürgerlichen Kochkunst erreicht. Von Kräutern ganz zu schweigen. Bei den Kräutern sind wir kühn und großzügig. Petersilie händeweise, der Schnittlauch, frisch aus dem Garten, und der Dill – bringen die etwa nicht Abwechslung ins Essen? Ja doch. Abwechslung und Charme, gewiß. Aber es ist ein eher rauher Charme.

Die subtilen Unterschiede zwischen den verschiedenen Pfeffersorten oder zwischen einem grünen, süßlichfruchtigen Olivenöl und einem gelbgrünen leichterer Bauart, derartige Nuancen spielen kaum eine Rolle. Wer weiß denn schon die Verschiedenheit von süßer Sahne, Crème fraîche und Crème double richtig auszunutzen? Wer macht sich die Mühe, Kartoffeln nach Arten zu unterscheiden und je nach Verwendungszweck die eine oder andere Sorte zu kaufen? Wer reagiert auf die Entdeckung, daß Sellerieknollen entweder nach Sellerie schmecken können oder aber eine vornehme Blässe des Geschmacks aufweisen, die nur als fade bezeichnet werden kann? Wo beschwert sich denn jemand, wenn die Radieschen auf dem Markt, frisch und knackig, nur nach Wasser schmecken und von ihrer früheren Schärfe auch nicht mehr die Spur besitzen? Weil es ja doch nichts anderes mehr gibt als diese charakterlosen Massenprodukte ohne Geschmack?

Sicher, das ist die Realität auf unseren Märkten, da können alle patriotischen Hymnen auf das Produkt aus deutschen Landen nicht darüber hinwegtäuschen, daß wir zwar vieles kaufen können, daß aber der größte Teil davon – vor allem wenn er auf deutschem Mist gewachsen ist – geschmacksbehindert ist. Solange die Lastwagen für unsere ehrgeizigen Köche noch kolonnenweise zum Pariser Großmarkt fahren müssen, sind wir in kulinarischer Hinsicht ein unterentwickeltes Land.

Entsprechend hat sich der Normalverbraucher, auch König Kunde genannt, mit einem genormten Supermarkt-Niveau zu begnügen, basta. Verlangt er vom Essen mehr als nur Sättigung, wird der König zum Bettelmann. Wer je erlebt hat, wie bundesdeutsche Touristen auf den Pariser Marktstraßen ihre Verblüffung über die Vielfalt laut zum Ausdruck bringen, der bekommt eine Ahnung von der Misere der Konsumenten. Deshalb ist die Bedeutung des Geschmacks in unserem Essen, seine Intensität und seine Variationen, gar nicht hoch genug einzuschätzen.

Wenn das Huhn nicht nach Huhn schmeckt, das Kalbfleisch wässerig und das Rind zäh ist, wenn der Spinat lasch ist und die Karotten bitter schmecken, dann muß erst recht der Versuch unternommen werden, den gewöhnlichen Dingen einen ungewöhnlichen Geschmack zu geben. Die erste Regel dafür lautet: Nur ja nicht glauben, das erstbeste Gemüse, Fleisch oder Fett seien schon gut genug! Über die zweite und weitere Regeln wird auf den folgenden Seiten noch ausführlich berichtet werden. Es wird erklärt, wie weiße Rübchen sich in Leckerbissen verwandeln und ein

Fischfilet gespickt werden kann; Reisgerichte werden beschrieben, die weder asiatisch-exotisch noch makrobiotisch-bescheiden sind, sondern zur Vollgenußkost zählen; verschiedene Gemüsegratins, Linsensuppe und Kochfleisch geben vor, simpel zu sein, verführen aber durch überraschende Aromen.
Viele neue Anregungen aus den Küchen Italiens und Frankreichs haben mir geholfen, aus einfachen Produkten erinnerungswürdige Essen zu machen, deren Geschmack in wohltuendem Gegensatz zu ihrer banalen Herkunft steht. Dazu bedarf es keiner handwerklichen Meisterschaft, und luxuriös sind die Rezepte auch nicht. Sie verlangen nur eine neugierige Zunge. Mit ihrer Hilfe kann dann die Erkenntnis nicht ausbleiben: Frisch gewürzt ist halb gewonnen!

Pfeffer und Pfeffer und Salate

Es gibt Dinge in der Küche und Tricks beim Kochen, die so wichtig sind, daß man gar nicht oft genug darauf hinweisen kann. So ein Ding ist der Mörser, und seine Benutzung ist einer dieser Tricks, die den Geschmack entscheidend beeinflussen.

Wobei ich wieder einmal beim Pfeffer wäre. Der Pfeffer, das verkannte Gewürz. Pfefferig-scharf, assoziieren viele Hausfrauen, wenn sie ihn in die Hand nehmen. Und sie stäuben ganz vorsichtig ein wenig Pulver aus dem Pfefferstreuer ins Essen. Dazu ist zu sagen:

1. Der Pfefferstreuer gehört in den Müll. Fertig gemahlener Pfeffer taugt nichts. Er hat außer seiner Schärfe tatsächlich nichts zu bieten. Das Aroma des Pfeffers wird durch seine ätherischen Öle transportiert. Und die verfliegen sofort, wenn die Körner geschrotet oder gemahlen werden. Pfeffer also nur in ganzen Körnern kaufen.

2. Weißer Pfeffer hat nur wenig Aroma; er vor allem ist für den schlechten Ruf des Pfeffers verantwortlich. Ich benutze ihn fast nie. Dann und wann bei Fischgerichten, zu denen Cayennepfeffer (der darf gemahlen sein) nicht paßt; manchmal im Gemüse.

Schwarzer Pfeffer aber ist wunderbar! Nicht sehr scharf, dafür voll Aroma. Und bei mir kommt er auch nicht in die Mühle. Gegen eine Pfeffermühle ist grundsätzlich nichts einzuwenden, wenn sie grob eingestellt ist. Da jedoch auch eine grob eingestellte Mühle die

Körner für meinen Geschmack nicht grob genug mahlt, vor allem aber zu gleichmäßig, schrote ich sie im Mörser. Da dürfen dann einige Körner nur halbiert sein, es macht nichts. Ein Biß auf ein halbes, schwarzes Pfefferkorn hinterläßt auf der Zunge keineswegs eine Brandblase; allenfalls Kinder empfinden die plötzliche Schärfe als unangenehm. (Doch für die Kinderküche taugt vieles nicht, was in der Feinschmeckerküche selbstverständlich ist.)

Der Pfeffergeschmack ist in Wirklichkeit nicht eindeutig. Er hat Nuancen und viel Aroma; daß Pfeffer scharf ist, ist fast eine Nebenerscheinung. Ein Teelöffel voll Pfefferkörner, im Mörser frisch zerstoßen, ist für ein 4-Personen-Gericht keineswegs zu viel. In einem Salat kann es sogar mehr sein:

Feldsalat mit Geflügelleber, Champignons und schwarzem Pfeffer

Den Feldsalat waschen und die Stiele abschneiden, wenn sie zusammengewachsen sind.

Eine Vinaigrette zubereiten aus:

1 sehr fein gehackten Schalotte
Sherryessig
1/2 TL Senf
1/2 Olivenöl – 1/2 Walnußöl
1 Prise Zucker, 1 Prise Salz

Champignons putzen und in Scheiben schneiden (nur die Köpfe), auf dem Salat anrichten. Hühner- oder Entenlebern säubern, zerteilen und in heißer Butter kurz anbraten, so daß sie steif werden, aber innen noch rosa sind. Salzen. Zu den Champignons legen, mit grob geschrotetem schwarzen Pfeffer großzügig bestreuen und die Vinaigrette darübergießen. Dazu Weißbrot. Das ist köstlich, das ist leicht und dennoch voller Aroma!

Die zweitwichtigste Pfeffersorte ist für mich der Cayennepfeffer. Ich gehe mehr und mehr dazu über, die ganzen Schoten zu verwenden. Sie sind klein und rot und scharf; sehr scharf, das ist wahr. Und deshalb nicht für alle Speisen geeignet. Will ich Gemüse pfeffern, dann nehme ich gemahlenen Cayenne. Er hat nicht das Aroma des schwarzen Pfeffers, also macht es wenig, wenn ich ihn fertig gemahlen kaufe. Die Schoten benutze ich vor allem für Schmorbraten und sonstige Speisen, die lange vor sich hin köcheln. Dabei heißt es aufpassen! Zwei Schoten haben – zusammengenommen – eine beträchtliche Schärfe, vier Schoten sind etwas für fortgeschrittene Pfefferfresser. Dennoch nehme ich die nicht leichte Dosierbarkeit bei den Schoten in Kauf. Die Orientalen, die diesen Cayennepfeffer vorwiegend benutzen, behaupten, im unversehrten Zustand sei er besser verdaulich als gemahlen. Ob's stimmt, weiß ich nicht. Und wenn es dann einmal zu scharf wird, habe ich einen zweifachen Trost: einmal vergeht die Schärfe im Mund relativ schnell, zum anderen fördert sie den Durst.

Auf meinem Gewürzbord steht noch eine dritte Pfeffersorte, der rosa Pfeffer (baies roses). Seine Körner sind getrocknet, wodurch sie leicht und zerbrechlich geworden sind. Ich lasse sie ganz, da der rosa Pfeffer nur sehr wenig Schärfe hat; da kann man ohne Schaden

Das verkannte Gewürz: Pfeffer

zu nehmen ein oder zwei Körner zerkauen. Statt der Schärfe hat er ein ungewöhnliches, etwas exotisches Parfüm, welches seine Verwendung auf wenige Speisen beschränkt. Wo er aber paßt, verwandelt er ein Gericht in eine raffiniert gewürzte Sache.
Küchenpuristen mögen ihn nicht. Er sei wie rosa Wein, kritisieren sie – weder weiß noch rot – und werde im Grunde nur wegen seiner effektvollen Farbe gebraucht. Sie haben nicht ganz unrecht. Bei der falschen Gelegenheit oder zu häufig verwendet, wirkt rosa Pfeffer tatsächlich wie ein parfümierter Wein zum Essen. Aber es gibt Kombinationen, wo er einen ganz eigenartigen, delikaten Reiz bewirkt. In einer Wild- oder Leberterrine zum Beispiel. Bei gebratenen Jakobsmuscheln. Oder beim Spargel.
Pfeffer zum Spargel? Ja, ich weiß – Spargelfreunde essen ihr Lieblingsgemüse am liebsten pur. Zerlassene Butter oder eine Hollandaise sind gestattet; schon eine grüne Vinaigrette finden sie stillos. Es ist was dran, am Reinheitsgebot der Spargelfreunde. Dennoch meine ich, daß dort, wo Spargel nicht nur einmal auf den Tisch kommt, sondern häufig, eine Abwechslung erlaubt sein sollte. (Ich kenne Leute, die machen im Mai eine Spargeldiät!) Dann bietet sich der rosarote Pfeffer an.

Also eine Vinaigrette machen aus:

1 feingehackten Schalotte,
1 feingehackten Knoblauchzehe,
Sherryessig
1/2 Olivenöl
1/2 Walnußöl
Salz, Zucker
dahinein die rosa Pfefferkörner.
Pro Spargelstange
sollten es mindestens 2 Körner sein.

Ein anderes Gewürz in Körnerform ist der Koriander. Auch ihn lasse ich ganz, er paßt vor allem zu süß-saueren Saucen. Über seine Anwendung wird später noch berichtet werden (siehe Seite 51).
Eine immer größere Rolle spielt der Safran in meiner Küche. In unseren Breitengraden eigentlich nur als Relikt aus Omas Backzeit bekannt (»Safran macht den Kuchen gehl«), ist dieses feine Gewürz völlig unterschätzt. Seine Anwendungsmöglichkeiten sind außerordentlich vielfältig. Sie reichen von der Suppe bis zum Dessert, von der Bratensauce zu glasierten Zwiebeln – es ist jedesmal eine Wonne.

Das Safranaroma ist fein und wird erst bei Überdosierung aufdringlich. Leider ist Safran teuer. Es handelt sich um die Staubfäden einer Krokusart, welche mühsam gesammelt werden müssen. Deshalb wird er in winzigen Portionen verkauft, entweder als intakte Fäden oder als Pulver. Das Pulver ist nicht immer reiner Safran, trotzdem ist es manchmal den Fäden vorzuziehen, so wenn Suppen damit gefärbt und aromatisiert werden sollen. Bei Fischsaucen nehme ich sowohl das Pulver (für die Farbe) als auch einige Fäden (deren Aroma reiner ist). Daß Safran sogar in einer Linsen-Mangold-Suppe verwendet werden kann, habe ich in Italien erfahren (siehe Seite 31).

Wenn von Gewürzen die Rede ist, sind die Kräuter nicht weit. Sie spielen in unserer Küche traditionell eine große Rolle. Dabei wird häufig zu viel des Guten getan. Als die Luftverschmutzung noch keine Bedeutung hatte, mochte der Vitamingehalt der Kräuter ein zusätzliches Argument darstellen. Doch heute scheinen mir die bunten Salatsaucen, in die Gartenkräuter händeweise hineingeschnitten werden, wenig sinnvoll. Entweder Schnittlauch *oder* Petersilie *oder* Borretsch *oder* Estragon *oder* Basilikum usw.

Pimpernell und Minze, Kerbel und Melisse, Liebstökkel und Majoran, sie alle können von Fall zu Fall ganz nützlich sein; ihre großzügige Verwendung in der Küche ist jedoch kein Zeichen für verfeinertes Kochen, eher das Gegenteil.

Besonders der Dill erfreut sich hierzulande großer Beliebtheit. Doch hat er die Eigenart, daß alles, was mit ihm in Berührung kommt, nach Dill schmeckt. Er ist einfach penetrant. Ich benutze ihn bei rohen Tomaten und geschmorten Gurken, in Kartoffelsuppen, und ich kann auch der Dillsauce zum Aal etwas abgewinnen. Aber damit hat sich's.

Krebsschwänze mit Dill zu essen scheint legitim, da sie häufig wenig Eigengeschmack haben. Doch könnte ich mir statt Dill andere Gewürze vorstellen, die mit den

Krebsen nicht so rigoros umgehen. Für mißglückt halte ich die in der Gastronomie gerne geübte Kombination von Dillzweigen und Räucherlachs. Das sieht zwar hübsch aus, paßt aber geschmacklich nicht zusammen. Vor Nachahmung sei deshalb gewarnt.

Geschmack wird nicht nur durch Gewürz und Kräuter bewirkt. Bei Gerichten der südlichen Küche ist der Knoblauch ein vielgebrauchter Aromaproduzent, und in unserer kann geräucherter Speck sehr schöne Effekte bewirken. Es darf nur nicht fett und sein Rauchgeschmack muß intensiv sein. Auch wirkt er delikat nur dort, wo er unorthodox eingesetzt wird, wo er sich nicht wieder der Bratkartoffeln annehmen muß oder zusammen mit Kohl gekocht wird.
Also Räucherspeck zum Fisch, zum Huhn, zum Kaninchen; beim Chicorée und im Salat. Letzteres bedingt, daß die Vinaigrette warm serviert wird, und das Resultat ist eine herzhafte, gleichzeitig aber delikate Vorspeise, wie sie die Weinbauern im Kaiserstuhl und im Beaujolais lieben:
Nicht sehr fetten Räucherspeck in kleine Stücke schneiden. Knorpel herausschneiden. In kochendem Wasser 2 Minuten blanchieren. Herausnehmen. In einer Pfanne Butter heiß werden lassen und den Speck darin auslassen, bis er knusprig gebraten ist. Herausfischen und auf Küchenkrepp entfetten. Das Bratfett in der Pfanne bis auf einen dünnen Film weggießen. Rotweinessig in die Pfanne gießen, mit Thymian, Salz und Zucker würzen, Olivenöl einrühren. Den Speck und in Butter geröstete Weißbrotwürfel auf dem Salat drapieren und mit der lauwarmen Vinaigrette übergießen.

Welche Salatart hier genommen wird, ist erst in zweiter Linie wichtig. Stilgerecht wäre Löwenzahn. Aber auch Frisee und die neuerdings auch bei uns erhältlichen Salatmischungen (mesclun) eignen sich gut; Kopfsalat nicht.
Bei großem Hunger empfehlen sich zusätzlich kleingeschnittene, hartgekochte Eier, oder aber, und das ist nun schon richtig raffiniert, Wachtelspiegeleier.
Entgegen allen kulinarischen Anstandsregeln trinke ich zu diesem Salat Wein, und zwar lieber einen kühlen roten als einen weißen. Und wenn das Weißbrot vor dem Rösten mit Knoblauch eingerieben wurde, schmeckt's mir doppelt so gut.

Weiße Bohnen als Salat

Es gibt weiße Bohnen, die sind fast so groß wie Kaninchennieren. Was bei uns landesweit als weiße Bohnen verkauft wird – vorzugsweise abgepackt und möglicherweise zwei oder gar drei Jahre alt – hat die Größe von Westenknöpfen. Die Bohnen, die ich verwende, könnten als Mantelknöpfe durchgehen und brauchten auch dann noch ziemlich große Knopflöcher.
Diese detaillierte Beschreibung verrät, daß ich mich nicht so gut auskenne bei den Hülsenfrüchten. Experten würden sofort sagen: Ja, mein Lieber, was Sie da meinen, diese dicken weißen Bohnen, die gibt es nur... und dann folgt eine Orts- und Zeitangabe, die jeden Normalkonsumenten entmutigen würde. Deshalb hier

nur so viel: Es gibt sie nicht überall (meistens nur lose auf den Märkten des Südens) und auch nicht immer (im Winter sind sie frischer als im Frühjahr).
Frisch ist bei Hülsenfrüchten nur eine relative Beschreibung, weil sie wirklich frisch nie sind; uralt sollten sie andererseits aber auch nicht sein. Ich weiß nicht, ob es nur am Alter liegt, aber wenn ich eine besonders dickschalige Bohne im Mund habe, denke ich sofort an ihre Vergangenheit und überlege, ob sie da nicht einiges zu bewältigen hat.

300 g für 4 Personen

ist eine ausreichende Menge. Nicht, daß da etwas übrigbliebe, aber sich wirklich an diesen leckeren Bohnen sattessen, das ist zwar möglich, jedoch nicht ratsam. Denn wie alt oder frisch sie auch sein mögen, das Zeugs liegt ganz schön im Magen! Besonders wenn wie hier... doch der Reihe nach.
Die Bohnenkerne 6 Stunden einweichen. (Wenn es sehr alte sind, kann sein, daß sie dann länger brauchen; ich weiß es nicht.) Mit einer längs geteilten Karotte und dem Weißen einer Lauchstange in Wasser aufsetzen, salzen, pfeffern, zum Kochen bringen und garen lassen. Ob dies im Einweichwasser geschieht, oder ob dies erneuert wird, ist nach meiner Erfahrung ohne Belang. Nach ungefähr 60 Minuten sind die Bohnen gar, das heißt, die Schale löst sich noch nicht ab, doch der Kern ist mehlig weich. Die Karotten habe ich ebenfalls kontrolliert: sie sollen recht weich, aber nicht matschig sein; gegebenenfalls nehme ich sie vorher heraus.

Der Lauch kann zerkochen oder nicht; ihn brauche ich nicht mehr.
Die Karotte schneide ich in kleine Würfel, den Lauch fische ich heraus und werfe ihn weg, die Bohnen lasse ich abtropfen.
Nun bereite ich eine sehr sanfte, das heißt nur schwach säuerliche, aber nicht wenig gepfefferte Vinaigrette aus Olivenöl und Weinessig – rot oder weiß ist egal – mit einer Prise Thymian. Dahinein kommen eine große, sehr fein gehackte Schalotte und zwei dicke, ebenso fein gehackte Knoblauchzehen. Die Bohnen und die Karottenwürfel damit vermischen, einige Stunden ziehen lassen. Das ist alles.
Dieser Salat ist mehr als ein Salat. Zu gekochtem Fleisch – ob warm oder kalt – ist er eine vollwertige Gemüsebeilage. Und überhaupt so lecker, daß ich dafür manches etablierte Grünzeugs stehen lasse.
Die militanten Freunde der Kräuselpetersilie können sich hier austoben. Zwar ist die Wirkung der Petersilie, wie meistens, vor allem dekorativ, aber schön sieht's aus, das ist wahr. Nur bitte, erst ganz zum Schluß untermischen, und auch nur, wenn Sie sicher sind, daß von den Bohnen nichts übrig bleibt. Denn während Sie diese problemlos einen oder zwei Tage aufheben können, verfällt die Petersilie schon bald in einen unansehnlichen Zustand.
Da die Charakteristik der Bohnen nicht umzubringen ist, lassen sie sich auf vielfache Art und Weise würzen. Von einer Vinaigrette ausgehend wie beschrieben, kann ich diese mit Korianderkörnern anreichern oder – dies setzt Weißweinessig voraus – mit Safran aromatisieren. Sommerlich frisch ist auch folgende Vinaigrette: Statt

Pfeffer, das verkannte Gewürz

Gelobt sei, was scharf macht! Pfeffer ist die Probe aufs Exempel: Wer sich damit zufrieden gibt, daß ihm die Zunge brennt und der Schweiß auf der Nase perlt, der kauft seinen Pfeffer blindlings. Die höheren Weihen besitzt, wer Malabar-Pfeffer von Tellichervy-Pfeffer unterscheiden kann, oder Sarawak von Lampong oder Szechuan-Pfeffer. Alle sind schwarz und rund und brennen auf der Zunge. Mal mehr, mal weniger. Und richtig rund und schwarz ist der Szechuan-Pfeffer auch nicht, und dann gibt es noch den Long-Pfeffer, der überhaupt nicht rund ist, und den Cayenne-Pfeffer, der nur so heißt, in Wirklichkeit aber zu den Chillies gehört oder zu den Paprikas, was möglicherweise dasselbe ist. Wenn schließlich noch die bunten Pfeffer ins Spiel kommen, wird's vollends unübersichtlich. Deshalb kaufe ich meinen Pfeffer blindlings. Wenn er nur schwarz ist.

Essig nehme ich Zitronensaft, verrühre darin etwas Tomatenpüree und rupfe statt der Petersilie Basilikumblätter hinein.
Für Esser mit der scharfen Zunge empfehlen sich zusätzlich eine entsprechend große Prise Curry oder feingehackte grüne Pfefferschoten. (Nein, keine Paprika, sondern die kleinen, länglichen Feuerwerkskörper!)
Wie auch immer hier gewürzt wird, diese Bohnen lassen uns begreifen, warum die Menschen des Altertums so hartnäckig an diesen (und anderen) Hülsenfrüchten festhielten.
Als Getränk zu dieser aromatischen Deftigkeit scheint mir ein kalter, roter Landwein am besten geeignet.

Alte und neue Suppen, scharf und mild

Die heiße Minestrone

Gemüsesuppen mit südlichem, in diesem Fall mit italienischem Einschlag sind mir die liebsten. Es fehlt ihnen die teutonische Schwere, die Mehl-Speck-und-Schmalz-Komponente, die unsere Küche so undelikat und schwerverdaulich macht. Eine Minestrone gibt es in den meisten italienischen Restaurants. Nichts ist einfacher (und billiger), nichts erfreut den hungrigen Magen so wie diese Suppe, die als Vorspeise gedacht ist, aber auch ein leichtes Hauptgericht sein kann.
Unter den verschiedensten Variationen – mal mit Kartoffeln, mal ohne Karotten; Fenchel, Sellerie, Blumenkohl je nach Belieben und Vorrat – ist dies hier eine Version, die ich besonders schätze. Ihre Hauptmerkmale sind der Pfeffer und der safranisierte Blumenkohl. Pfeffer ist im Essen, was die Kohlensäure im Champagner ist. Er macht das Essen leichter, spritziger und sorgt für eine gewisse Extravaganz.
Die andere Besonderheit meiner Minestrone, der Blumenkohl, ist nichts als Resteverwertung. Ich koche nämlich den safranisierten Blumenkohl ziemlich oft zu gewissen Fleischsorten oder Fisch. Die Überbleibsel kommen dann am nächsten Tag in eine Minestrone. Nehmen wir an: eine Handvoll kleine Blumenkohlröschen, safrangelb eingefärbt und durch reichlich Zitronensaft von der kohligen Herkunft erlöst.
Alle anderen Gemüse sind frisch:

Kartoffeln – Karotten – Zucchini – Mangold –
Tomaten – Sellerie – Schalotten

Außerdem brauche ich Räucherspeck. Nicht die etwas lasche und immer fette Bauchpartie aus den Konfektionsräuchereien. Sondern der intensiv nach Rauch schmeckende, nur halbfette Schinkenspeck, wie er im Schwarzwald hergestellt wird: 75 g.
Dieser Speck wird in großen Stücken in Olivenöl angebraten, damit sein Aroma frei wird. Dazu gebe ich die mehr oder weniger klein geschnittenen Gemüse. Zuerst die feingehackten Schalotten (eine pro Portion), dann in größeren Stücken Sellerie, Karotten, Zucchini, Fenchel und Kartoffel. Vom Fenchel wenig, auch von den Zucchini nicht viel. Doch reichlich Karotten, Sellerie und Kartoffeln sowie eine enthäutete, zerschnittene Tomate.
Die ungenauen Mengenangaben verraten, daß es hier so genau nicht darauf ankommt.
Alle Zutaten im ausgelassenen Speckfett andünsten, mit 1 Prise Thymian, 3 Cayennepfefferschoten und Salz würzen. Mit kaltem Wasser auffüllen, aufkochen und langsam garen lassen.
Währenddessen pro Portion 1 bis 1½ Mangoldblätter ohne Strünke kleinhacken, in Butter andünsten, salzen. Eine weitere Fleischtomate enthäuten und entkernen, das Fleisch in Stücke schneiden. Zum Mangold geben. Zwei durchgepreßte Knoblauchzehen und wahrscheinlich noch etwas Butter dazu. Auf kleiner Flamme bei mehrmaligem Rühren dünsten, bis das Gemüse zusammengefallen und gar ist, was nicht mehr als 6 bis 10 Minuten dauert.
Die Blumenkohlröschen kommen erst kurz vor Ende der Kochzeit in die Suppe (sie sind ja schon gar). Ganz zum Schluß rühre ich dann auch die Mangold-Toma-

ten-Mischung hinein und lasse einmal kurz aufkochen – fertig.
Natürlich habe ich zwischendurch mehrmals abgeschmeckt. An Pfeffer wird es sicherlich nicht fehlen. Aber Salz? Und der Schuß Olivenöl, den ich hinzugebe, wenn ich die Suppe vom Feuer nehme, hat auch nur die Aufgabe des Würzens. Frisch geriebener Parmesan steht bereits auf dem Tisch, ein durstlöschender Weißwein ebenfalls – das große Essen kann beginnen.

Anmerkung: So einfach das klingt (und es ist einfach), so darf hier dennoch nicht geschummelt werden! Also wirklich die kleinen Cayennepfefferschoten nehmen und nichts anderes. Und das Olivenöl muß tatsächlich (was eigentlich selbstverständlich sein sollte) kalt geschlagenes aus der ersten Pressung sein. Und der Safranblumenkohl muß, wenn keine Reste von gestern vorhanden sind, separat hergestellt werden. Also blanchieren, in Butter dünsten, mit Safran und Zitrone würzen. Und wer da denkt, ein Stück Speck von einer anonymen Sau aus einer anonymen Räucherei werde schon genügen, der hat nicht begriffen, daß es auch und gerade bei den einfachen Dingen auf Qualität bei den Details ankommt.

Basilikumnudeln à la »La Merenda«

Ich bin nicht der Meinung, daß man Nudeln unbedingt selber machen muß. Es gibt Spezialgeschäfte, aber auch Abteilungen in den Kaufhäusern, wo alle Arten von Nudeln stündlich frisch produziert werden. Und die Frische ist es ja, die die bessere Qualität bewirkt. Also kaufe ich für dieses leckere Vorgericht dünne, grüne Spinatnudeln. Sie werden wie üblich in Salzwasser gekocht, dem ich einen Schuß Olivenöl zugegeben habe.

Das Besondere ist hier die Basilikumsauce, besser gesagt: die Paste. Im Prinzip ähnelt sie dem *pesto alla genovese.* Wie bei diesem ist der Hauptbestandteil Basilikum. Im einzelnen brauche ich für 2 Personen:

20 Basilikumblätter
4 oder 6 dicke, geschälte Knoblauchzehen
300 g geriebenen Gruyère
60 g Butter
Olivenöl

Basilikum und Knoblauch werden grob gehackt und danach in einem Mörser zu Brei gestampft. Das ist zwar nicht die bequemste Methode; aber wenn der Mörser aus Stein und nicht zu klein ist, hält sich die Schwierigkeit in Grenzen. Man kann das auch im Mixer bewerkstelligen, aber für nur 2 Portionen lohnt der Aufwand nicht. Außerdem gibt es einen Zusammenhang zwischen der hohen Mixgeschwindigkeit und dem Aroma, zuungunsten des letzteren. Nach und

nach gebe ich in den Mörser auch den geriebenen Käse sowie zirka 2 EL Olivenöl.
Zum Gruyère ist zu sagen, daß seine Qualität darüber entscheidet, ob es nur eine passable Paste wird oder ob jener wunderbare Geschmack zum Vorschein kommt, nach dem die Stammgäste des Bistros »La Merenda« in Nizza geradezu süchtig sind. Es muß alter Gruyère sein, nicht einer von der milden, nichtssagenden Sorte, wie sie hauptsächlich im Handel sind. Also kräftig gesalzen und leicht knirschend, mit dicker Rinde. Sowas finde ich nicht im Supermarkt. Zur Not muß die Paste gesalzen werden, was nicht nötig ist, wenn ich den richtigen Käse habe.
Zu beachten ist auch, daß die Paste frisch gemacht sein muß. Sie verliert bei der Lagerung an Aroma.
Inzwischen habe ich die leere Nudelschüssel zum Aufwärmen in den Ofen gestellt. Die Nudeln sind gar. In die Schüssel lege ich eine dicke Scheibe Butter, die beginnt auf dem heißen Porzellan zu schmelzen. Darauf löffele ich die grüne Paste und häufe darauf die heißen, abgetropften Nudeln. Gut vermischen und sofort servieren: Ein überwältigender Schmackofatz ist entstanden! Wenn mir danach zumute ist, streue ich über die Nudeln grob geschroteten schwarzen Pfeffer. Aber meistens sorgt der Knoblauch dafür, daß die Pfeffergelüste gar nicht aufkommen.

Mangold-Linsen

Eine relativ rustikale Suppe, die durch Safran interessant wird. Aber auch dadurch, daß die Linsen nicht wie üblich mit Essig und/oder Räucherspeck aromatisiert werden. So erscheint die Suppe leicht; durch den Mangold, auch wenn er ziemlich herzhaft schmeckt, verliert sie die Hülsenfrucht-Deftigkeit und wirkt nicht so sättigend.
Das Rezept stammt aus einem italienischen Kochbuch des Jahres 1570, allerdings ist die Urfassung etwas primitiver. In Italien, wo ich diese Suppe zum ersten Mal gegessen habe, wird dazu geriebener Parmesan serviert, wovon ich jedoch abrate. Der Geschmack ist intensiv genug und verliert durch den Käse nur seine Reinheit.

Zutaten (für 2 bis 4 Personen):

200 g helle, geschälte Linsen
200 g Mangold ohne Stiele
1 Stange Lauch (das Weiße und das Hellgrüne)
1 EL Tomatenpüree
1/2 g Safranfäden
1 1/2 EL gehackte weiße Zwiebeln
80 g Butter, Olivenöl

Die Linsen waschen und in 1 1/2 l Wasser aufsetzen, zum Kochen bringen und ca. 40 Minuten simmern lassen.

Die dicken weißen Stiele aus den Mangoldblättern herausschneiden. Die grünen Blätter aufeinanderlegen, zweimal längs und dann quer in sehr dünne Streifen schneiden. Gründlich waschen.
Die Lauchstange an der hellgrünen Seite kreuzweise einschneiden, so daß sie wie ein Besen auseinanderfällt. Unter fließendem Wasser waschen. In dünne Scheiben schneiden.
In einer sehr großen Pfanne oder in einem Brattopf die Butter und 2 EL Olivenöl heiß werden lassen, die Zwiebeln dazugeben und bei mäßiger Hitze mehrere Minuten garen lassen, ohne daß sie Farbe annehmen. Mangold und Lauch dazugeben, die Flamme größer stellen, eventuell Öl nachgießen. Zirka 8 bis 10 Minuten gar dünsten, dabei vorsichtig salzen. Pfeffern; Tomatenpüree unterrühren.
Wenn die Linsen gar sind, die Hälfte davon durch eine »Flotte Lotte« oder mit dem Mixstab pürieren und wieder zurück ins Kochwasser geben; das macht die Suppe sämig.
Die garen Gemüse dazu und den Safran, alles zusammen noch einige Minuten köcheln lassen, abschmecken und heiß servieren.
Die Zubereitung ist also denkbar einfach. Lediglich der Wasserverbrauch der Linsen muß beobachtet werden: er ist sehr hoch, es muß gegebenenfalls Wasser nachgegossen werden. Ich salze auch erst zum Schluß fertig; bei den Linsen – wie bei allen Hülsenfrüchten – ist die Grenze zwischen fade und versalzen sehr schmal.
Eine Variation, allerdings nur für frohe Trinker geeignet, ist die Zugabe von 1 bis 2 TL Curry. Dabei kann das Tomatenpüree fehlen. Der Safran, der im Curry

ohnehin vorhanden ist, sollte aber beibehalten werden. Diese Version ist, wie gesagt, ziemlich scharf. Weniger Curry zu nehmen, wäre jedoch sinnlos, dann kann man es auch ganz lassen.

Ein Gewürz mit feinem Aroma: Safran

Safran ist teuer

Das ist für mich die einzige Erklärung dafür, daß dieses einzigartige Gewürz so selten verwendet wird. Safran schmeckt nämlich nicht nur in einer mediterranen Fischsuppe, wo er obligatorisch ist. Seine Verwendungsmöglichkeiten sind nahezu unbegrenzt. Von den kleinen Safranzwiebeln als Vorspeise bis zum Gebäck; vom Safranreis bis zu der Möglichkeit, ihn in dunklen Fleischsaucen unterzubringen, wo er für jene zusätzliche Qualität sorgt, die die Esser rätseln läßt: Wie hast du das bloß wieder gemacht, Trudchen? Experimente mit Safran haben eine große Chance, sich als glückliche Entdeckungen herauszustellen (wie meine safraninierten Blumenkohlröschen). Safran in Pulverform ist möglicherweise nicht immer ganz rein, aber ergiebiger als Safranfäden.

Gemüse macht das Essen bunt

Spargel mit Morcheln

Diese Kombination mag prätentiös klingen, aber wer auch nur eine Gabel davon probiert, wird zustimmen: ja, das paßt zusammen, das ist eine ganz besondere Delikatesse!

Wie Spargel gekocht wird, muß hier wohl nicht detailliert beschrieben werden. Sehr großzügig schälen, dann in Salzwasser, dem ein gutes Stück Butter und etwas Zitronensaft zugegeben wurde, gar kochen lassen. Kochzeit je nach Frische, Dicke und Herkunft des Spargels verschieden; 30 Minuten sind ein Mittelwert. Für dieses Rezept sind alle weißen Spargelsorten geeignet. Ob die Köpfe nun ebenfalls weiß oder hellgrün oder ein bißchen violett sind, das ist egal.

Morcheln nehme ich so viel ich mir leisten kann. Denn diese getrockneten Edelpilze sind teurer als der Spargel selbst! Insofern gehört diese Zubereitungsart in den Bereich der feinen Küche. Also je mehr Morcheln, je besser. 25 Gramm für 2 Personen sind das Minimum. Das Doppelte ist besser und das Dreifache der schiere Luxus.

Die Morcheln werden eingeweicht, drei, vier Stunden, wenn es geht, auch länger. Danach aus dem Einweichwasser heben, in einen Durchschlag legen und unter sehr starkem Wasserstrahl abbrausen. Diese Massage-Dusche kann gar nicht gründlich genug sein. Am ausfließenden Sand erkennen Sie, warum. Die Morcheln ausdrücken und nochmals kräftig abduschen. Abtropfen lassen.

Eine große Pfanne heiß werden lassen und die feuchten

Morcheln ohne Fett hineingeben. Wenn das Waschwasser verdampft ist, einen großen Klumpen salziger Butter dazufügen. Die kleine Pilze schlucken erstaunlich viel Butter! Leicht salzen, anbraten lassen. Wenn sich der Pfannenboden braun färbt, mit einem großen Glas Portwein ablöschen. Etwas Zitronensaft, eine kleine Menge Tomatenpüree und eine Prise Zucker dazu. Kein Pfeffer. Deckel darauf und zirka 20 Minuten köcheln lassen.

Sollte der Portwein zu schnell verkochen, gieße ich von dem Einweichwasser der Morcheln nach. Sind die Pilze gar, ohne Deckel einkochen lassen, daß sie fast im Trocknen liegen. Kalte Butter in die Pfanne geben, vom Feuer nehmen und die Butter unter die Morcheln rühren, bis sie sich verflüssigt hat und sämig geworden ist. Kartoffeln habe ich inzwischen auch gekocht. Und zwar kleine, frische Kartoffeln, die nicht geschält, sondern nur gebürstet werden. Ich koche sie in sehr wenig Salzwasser, dem ich wieder eine nicht knauserige Menge Butter beigegeben habe. (Butter ist nun mal eines der besten Gewürze!)

Ja, und das alles zusammen, der frische Spargel (auf einer zusammengefalteten Serviette serviert), die Morcheln in ihrer Portweinbutter und die gedämpften Kartoffeln mit ihrer jugendlichen Schale – also, da können die Spargel-Puristen lästern wie sie wollen: Wenn sie ihr geliebtes Gemüse einmal so probierten, wüßten sie, daß das Leben nach der Hollandaise weitergeht!

Mangoldstiele provençalisch

Moderne Köche interessieren sich mehr und mehr für Gemüse. Unabhängig vom vegetarischen Gedanken, haben die Konsumenten der Überflußgesellschaft entdeckt, daß Gemüse mehr sein kann als eine beliebige Beilage zum Fleisch. Die Gemüsegratins, die zahlreichen Kartoffelrezepte, die Verwendung von bisher unbekannten, ja exotischen Gemüsen, die, wenn auch zögernde, Bereitschaft der Produzenten, beim Gemüseanbau auch auf Qualität zu achten, also das Gemüse zu ernten, wenn es noch jung und erst zu einem Bruchteil des späteren Volumens herangewachsen ist, das alles hat dazu beigetragen, daß wir heute Bücher mit Rezepten füllen können, in denen nur von Gemüse die Rede ist.
Ein vergessenes Gemüse ist der Mangold. Je nach regionaler Eßgewohnheit werden entweder seine grünen Blätter oder seine weißen Stiele geschätzt. Heute wissen wir beides lustbringend zu verwerten.
Für die Mangoldstiele provençalisch brauche ich:

die weißen Stiele vom Mangold
weiße Zwiebeln
Sardellenfilets (Anchovis)
rosa Pfeffer (baies roses)
Safran, Knoblauch, Olivenöl

Zugegeben: die Zutaten sind provençalisch, doch das Resultat verdankt sich eher einer übermütigen Experi-

mentierlust. Genaue Mengenangaben sind hier nicht möglich, weil es unmöglich ist, 500 g Mangoldstiele zu kaufen. Was man kaufen kann, sind die kompletten Mangoldblätter mit Stumpf und Stiel. Aber das hat man ja im Griff, will sagen im Augenmaß, wie viele der weißen Stiele, wenn sie aus den dunkelgrünen Blättern herausgeschnitten worden sind, für zwei, vier oder sechs Portionen ausreichen. Diese Stiele also – Strünke wäre das richtigere Wort – aus den Blättern heraus- und in mundgerechte Stücke schneiden. Manchmal sind sie unten fünf Zentimeter breit, manchmal zehn. Nach meiner Erfahrung sind das Zuchtmerkmale und ist unerheblich für die Qualität. Wo die Strünke aber nur fingerbreit sind, verarbeite ich sie mit dem Grün der Blätter zusammen (siehe Seite 32).
Die zerschnittenen Stiele zusammen mit ungeschälten Knoblauchzehen (2 Stück pro Portion) in kochendem Salzwasser 6 bis 8 Minuten blanchieren; sie müssen fast gar, also eßbar sein. Abgießen und abtropfen lassen. In einer hohen Pfanne 2 EL kleingehackte weiße Zwiebeln (oder 2 dicke Schalotten) in Olivenöl anschwitzen. Pro Portion 3 Anchovis dazugeben. Aufpassen, daß die Zwiebeln zwar glasig dünsten, aber nicht braun werden!
Die Anchovis lösen sich während dieser Zeit langsam, aber sicher auf. Der Knoblauch kann bereits gar sein, daß heißt, das Innere ist breiig. Es wird aus den Schalen herausgedrückt oder, wenn es noch nicht weich ist, herausgepult und im Mörser zu Brei zerstampft. Im heißen Öl, zusammen mit den Anchovis, verrühren. Sehr wenig Safran unterrühren. Sehr wenig, das ist bei nur zwei Portionen ein Hauch, nur eine Spur. Eine

Messerspitze voll wäre schon zu viel. Also ganz behutsam einige Fäden oder Krümel Puder hinzufügen. Dazu kommen noch 1 TL rosa Pfefferkörner und jetzt die blanchierten Stücke der Mangoldstiele.
Vielleicht brauchen die noch 10 Minuten, bis sie endgültig gar sind, vielleicht aber genügt es, sie in der Pfanne nur kurz zu erhitzen. Jedenfalls müssen sie raus, wenn sie weich sind. Mehr ist nicht. Ich serviere ungesalzenen Reis dazu, sonst nichts.

Dicke Bohnen ohne Schale

Wenn es einen Beweis für die Phantasielosigkeit der deutschen Küche gibt, dann sind es Dicke Bohnen. Unseren Gemüsebauern ist nichts anderes eingefallen, als sie groß und dick werden zu lassen, und unsere Hausfrauen servieren sie, wie sie sind: dickschalig und mehlig, größtenteils nicht einmal mehr grün, sondern bereits hellbraun! Kein Wunder, daß sie in einigen Landstrichen Saubohnen genannt und an die Namengeber verfüttert werden. Da nicht zu hoffen ist, daß sie im jugendlichen Alter auf unseren Märkten auftauchen (wenn sie nämlich noch nicht größer als ein kleiner Fingernagel sind), müssen Feinschmecker sich auf etwas Mehrarbeit einrichten.
Aber das Resultat ist sensationell!
Die großen Bohnenkerne werden blanchiert und dann aus der dicken Haut geschält! Das funktioniert wie bei den Mandeln, die sich nach kurzem Aufkochen aus der Schale flutschen lassen. Von ihrer dicken Schale befreit,

sind die Bohnen dann so freundlich, in zwei Hälften auseinanderzufallen. Diesen dünnen, inneren Kernen fehlt die dumpfe Bitterkeit völlig, so daß kein vernünftiger Mensch mehr auf die Idee käme, sie mit Bohnenkraut und Geräuchertem zusammenzubringen. Statt dessen sind sie zart und fein – ein gänzlich neues Bohnengefühl stellt sich ein.

Im einzelnen erreiche ich das folgendermaßen:

Die Kerne werden in Salzwasser je nach Größe 4 bis 6 Minuten blanchiert. Danach drücke ich sie aus ihrer Schale heraus und dünste sie in einer Pfanne in heißer Butter. Wenig salzen und mit reichlich Zitronensaft aromatisieren. Sie sind bereits nach wenigen Minuten gar. Zum Schluß gebe ich (bei 2 Portionen) 1 EL Crème fraîche in die Pfanne, verrühre, ohne daß es kocht, und fertig ist ein deutsches Gemüse im nie gesehenen Gewand der Verfeinerung! (Sahne geht auch, aber die muß etwas verkochen, weil sie die Zitronenbutter sonst zu sehr verdünnt.)

Dieses Bohnengemüse ist so delikat, daß es schwierig ist, es einem gewöhnlichen Fleisch zuzuordenen. Es paßt am besten zu Hummer und Jakobsmuscheln; harmoniert auch mit Kalbsbries, Hühnerbrust und Fischen, die sich durch ein festes Fleisch auszeichnen (Lotte, Steinbutt, St. Pierre etc.). Neben Speck, Schwein oder Rind aber geht die Feinheit der Bohnen verloren.

Gebratener Weißkohl

Wie sich ein Fußball von einem *football* unterscheidet, so gibt es auch beim Weißkohl zwei verschiedene Typen. Einer ist rund und groß wie ein Fußball (und größer), der andere ist kleiner, länglicher. Das besagt nichts anderes, als daß es sich bei letzterem um einen Baby-Kappes handelt, um einen jungen Weißkohl. Und wie immer bei Gemüse ist das jugendliche Exemplar deutlich zarter und delikater. Diesen jungen Weißkohl – einer reicht für nicht mehr als zwei Portionen – brauche ich für mein Rezept.
Außerdem:

50g Rauchspeck
2 TL Wacholderbeeren
Weißweinessig
1 Prise Zucker
schwarze Pfefferkörner
Salz, Butter, Sahne

Es klingt so simpel und schmeckt so lecker, daß man sich wundert, wieso Kohl auf andere Art und Weise zubereitet wird. (Dieses Rezept gilt ja auch für die großen Fußbälle, nur wird dann die Garzeit länger und die Konsistenz des Gemüses anders sein.)
Ich entferne die äußeren Blätter, halbiere den Kohlkopf und schneide ihn in feine Streifen; so fein wie nur möglich. Den Strunk habe ich vorher selbstverständlich herausgeschnitten. Den Rauchspeck (noch einmal: Es handelt sich dabei nicht um gewöhnlichen Bauchspeck, auch Wammerl genannt, sondern um eine

höhere Qualitätsstufe) in appetitlich kleine Stückchen schneiden.
Die Wacholderbeeren zusammen mit einigen Pfefferkörnern im Mörser zerstampfen.
Die Speckstückchen in einer großen Pfanne in heißer Butter auslassen. Wacholder und Pfeffer dazugeben, anrösten lassen. Den kleingeschnittenen Kohl hinzugeben, salzen und unter häufigem Rühren 5 bis 10 Minuten braten lassen. Dabei fällt er zusammen, so daß ich in der zunächst übervollen Pfanne ungehindert rühren kann. Bei größeren Portionen wird man diese Prozedur in zwei Pfannen machen müssen. Da er weder gewaschen noch blanchiert wurde, gibt er wenig Flüssigkeit ab und kann anbrennen. Also während des Bratens nicht zum Fernsehapparat desertieren! 1 oder 2 EL Essig sowie den Zucker unterrühren und Deckel drauf. Auf kleiner Flamme garen lassen, was ungefähr noch eine Viertelstunde dauern kann.
Sollte der Kohl trotz Deckel trocken werden, gieße ich jetzt schon die Sahne an. Wieviel, das ist eine Ermessensfrage. Das Gemüse soll ja auf keinen Fall suppig oder soßig werden. Die Sahne ist nur dazu da, den Geschmack abzurunden und dem Kohl die Geschmeidigkeit zu geben, die ihn zur Delikatesse macht. Deshalb genügt es, wenn ich sie erst kurz vor dem Servieren unterrühre.
Wegen seiner Jugend hat der Kohl noch dünne Blätter; er ist nicht bitter, und somit fehlt ihm auch die grobe Deftigkeit der ausgewachsenen Kohlköpfe. Weshalb ich ihn ohne zu zögern mit feinen Fleischgerichten kombiniere, wie Geflügel aller Art, Innereien vom Kalb, Kaninchen und Rinderschmorbraten. Und wenn

Sie ein schönes Fischfilet zur Hand haben und wissen nicht wohin damit: Legen Sie es doch während der letzten 5 Minuten einfach auf den schmorenden Kohl!

*

Gambas, Scampi, Fische gut gewürzt

Garnelenschwänze provençalisch

Bei diesen Dingern ist man nie sicher, ob sie das gleiche sind wie die Scampi der italienischen Küche, ob sie Garnelen heißen oder wie. Sicher kann man nur sein, daß sie tiefgefroren sind oder es wenigstens waren. Und so was empfiehlt Siebeck? – höre ich jetzt die skeptischen Stimmen aus den alarmierten Küchen.
Ja. Weil es die nämlich frisch nicht gibt. Ich weiß auch nicht warum. Frische Blumen aus Kolumbien, lebenden Hummer aus Kanada, Obst aus allen Ecken dieser Welt – eigentlich gibt es alles frisch. Nur diese dicken Krebsschwänze nicht. (Krebs? Hat er nicht gerade von Garnelen gesprochen? Der Mann weiß wohl selber nicht, wovon er redet!) Sie heißen übrigens auch Kaisergranat, und als Hummerkrabbenschwänze oder Gambas sind sie ebenfalls zu haben.
Dabei gibt es gewisse Unterschiede, aber wie in jedem vernünftigen Kochbuch bei einem Hummerrezept »ersatzweise Languste« steht, so sind auch hier die Unterschiede eigentlich nur für den Zoologen wichtig. In allen Fällen sind die Schwänze der Schaltiere kernig und leicht süßlich im Geschmack, und immer sind die dicken Exemplare den dünnen vorzuziehen.
Als Zwischengericht genügen zwei oder, wenn es kleine Exemplare sind, vier Stück pro Person. So halte ich die Kosten in Grenzen. Denn auch wenn es sich nicht um teure Hummer handelt, so sind Garnelenschwänze doch nicht gerade billig.
Zunächst entferne ich die Schalen der Gambas. Das mache ich mit den Fingern, und es geht ganz einfach.

Das Schwanzende ist spitz und dunkel, das reiße ich ab und hoffe, daß dabei der sehr dünne Darm der Schaltiere herausgezogen wird. Robuste Naturen kümmern sich nicht weiter um ihn; die Empfindsamen erwischen ihn mit Sicherheit, indem sie das dicke Schwanzende senkrecht mit dem Messer einschneiden. Dann wird er sichtbar und kann herausgezogen werden.

Im Prinzip ist die Grundzubereitung von Garnelen so begrenzt wie die von Bratwürsten. Aber anders als bei den deftigen Schweinsprodukten kann man den zarten Schaltieren durch unterschiedliche Würzungen die überraschendsten Geschmacksnuancen abgewinnen. Ich liebe besonders die leicht süßlichen Versionen der asiatischen Küche, wo mit exotischen Saucen, Honig oder süßem Wein gearbeitet wird. Feinschmeckern wird das sofort einleuchten; doch an einem deutschen Weihnachtsessen nehmen ja auch Kinder und die Oma teil, und bei denen ist der Erfolg solcher Extravaganzen nicht garantiert. Deshalb soll bei folgendem Rezept die Exotik auf einige Safranfäden beschränkt bleiben.

In einer Pfanne Olivenöl sehr heiß werden lassen. Die Schwänze hineinlegen (Vorsicht, spritzt!), salzen, mit Cayenne pfeffern und mit 1 Messerspitze Safranpulver (bzw. 1/4 TL Safranfäden) bestreuen. Nach 1 Minute die Schwänze einzeln umdrehen, wieder salzen, 1 dicke Knoblauchzehe durchpressen und die Pfanne schütteln, damit sich die Zutaten vermengen. Nach weiteren 2 Minuten bereits vom Feuer nehmen. Die Schwänze – sie sind leicht rosa geworden – mit dem Schaumlöffel herausheben und auf Tellern anrichten. 1 EL Butter in

die Pfanne geben, aufschäumen lassen und 2 bis 3 EL kleingewürfeltes Tomatenfleisch (ohne Haut, Saft und Kerne) dazugeben, kurz andünsten lassen. Abschmekken, evtl. nachsalzen. 1 TL Pernod oder Ricard dazugießen, 1 Prise Zucker, nochmals kurz aufkochen lassen und über die Schwänze gießen. Sofort servieren.
Wichtig ist, daß Gambas nur ganz kurz und sehr heiß gebraten werden. So bleiben sie knackig und saftig, während eine nur um 2 Minuten verlängerte Bratzeit sie mehlig und trocken werden läßt. Bei den Gewürzen bin ich nicht pingelig. Es handelt sich hier ja um eine kräftige, aromatische Speise, also gehe ich mit Pfeffer, Knoblauch und Safran großzügig um. Dazu Weißbrot. Und natürlich ein kräftiger, sehr trockener Weißwein, möglichst ohne die zur Zeit so beliebte blumige Fruchtigkeit.

Rotbarschfilet

Man nehme ein Fischfilet, wälze es in Milch und Semmelbrösel, salze und lasse es in Margarine oder Pflanzenöl auf beiden Seiten schön kroß braten. Mit Remouladensoße servieren...
So ungefähr spielt sich das in hunderttausend deutschen Küchen ab, und in hunderttausend Familien werden die Nasen gerümpft, wenn von Fisch die Rede ist. Kein Wunder.
Dabei wäre es gerade mit Hilfe des Fischfilets möglich, die Statistik zu korrigieren, die uns fehlende Lust auf Fisch bescheinigt: Fischfilets sind billig und haben fast

keine Gräten. Die beiden Haupteinwände gegen Fisch, daß man nämlich wie der dicke Schmöck in der »Frommen Helene« an einer Fischgräte ersticken kann und daß Fisch teurer sei als gutes Fleisch, sind beim Fischfilet gegenstandslos. Die zwei, drei Gräten, die da noch drinstecken können, fühlt man schon beim Waschen und kann sie herausziehen. Wenn nicht das oben beschriebene Rezept wäre... Natürlich müssen sie frisch sein, die Filets, und es besteht ein Qualitätsunterschied nicht nur bei ganzen Fischen, sondern auch bei deren Filets: die vom Rotbarsch sind besser (weil fester im Fleisch als die vom Kabeljau), Filets vom Drachenkopf *(rascasse)* wiederum sind besser als Rotbarschfilets.
Auch wenn es wohl keinen Fisch gibt, der so wenig Arbeit macht wie ein fertig ausgelöstes Fischfilet, so ist das doch fast nie in dem Zustand, den der Feinschmekker verlangt: gleichmäßig dick und von allen Häuten befreit. Die Hautreste säble ich mit einem scharfen Messer ab, das ist kein Problem. Ungleichmäßige dicke Filets sind das schon eher, weil ungleichmäßig dicke Filets auch ungleichmäßig gar werden. Ich verlange also vom Händler ausdrücklich gleichmäßig dicke Stücke. Und die so dick wie möglich. Was die Zubereitungsarten angeht, mit denen ich Fischfilets herrichte, so möchte ich vorausschicken, daß ich sie

nie paniere
nie fritiere
nie brate

und fast immer schneide ich die Filets in dicke Würfel, welche ich dünste. Also in Butter oder Olivenöl oder auf einem feuchten Gemüse garen, ohne daß die Stücke auch nur die Spur einer Verbrennung aufweisen. Das dauert je nach Größe kaum mehr als 2 bis 4 Minuten. Dann sind sie innen noch glasig, also sehr saftig, und das allein ist ein Kennzeichen für ein gelungenes Fischgericht. Wer da jetzt »Dann sind die ja noch halb roh!« murmelt, hat recht. Aber bevor er sich angewidert abwendet, sollte er einmal folgendes Rezept versuchen:

Fischfilet auf Grenobler Art (2 Personen)

Das in Würfel geschnittene Filet mit dem Saft einer Zitrone gründlich beträufeln. Eine weitere Zitrone schälen und das Fleisch in kleine Stücke schneiden.
In einer Pfanne 80 g Butter heiß werden lassen. Die Fischwürfel, die Zitronenstücke und 2 EL Kapern dazugeben. Leicht salzen und ständig bewegen, damit die Fischstücke nicht anbraten. Sind sie von allen Seiten weiß geworden, noch 1 Minute weiterdünsten, dann herausnehmen. Dazu Salzkartoffeln.
Die Butter, ohnehin keine kleine Portion, hat sich mit dem Zitronen- und etwas Fischsaft zu einer dünnen, aber köstlichen und wunderbar leichten Sauce verbunden. Billigfisch und dazu noch halb roh? Nein, dies ist eine kleine Delikatesse!
Das gleiche läßt sich auch von folgender Zubereitung sagen:

Rotbarschfilet in Korianderwirsing

Einen kleinen Wirsing entblättern. Aus den hellgrünen und gelben Blättern die dicken Rippen herausschneiden. (Die dunkelgrünen werden nicht gebraucht.) 5 Minuten in Salzwasser blanchieren. Die Blätter zwischen zwei Handtüchern trockentupfen. In einer flachen Kasserolle oder hohen Pfanne in reichlich Butter eine feingehackte Schalotte glasig werden lassen. 2 TL Koriander und 1/2 TL Zucker dazugeben und die Wirsingblätter darauflegen.
Sie sind nicht völlig trocken, sollen es auch nicht sein. Ich beträufle sie mit Zitronensaft und lasse sie zugedeckt garen – 5 bis 10 Minuten, länger nicht. Sie müssen noch etwas Biß haben. Sollen sie richtig weich werden, brauchen sie dazu eine Dreiviertelstunde; in der Zeit dazwischen hat Wirsing eine Phase, in der er zäh ist. Also kurz und schmerzlos. Ein-, zweimal wenden, eventuell noch salzen, wenn das Blanchieren nicht ausgereicht hat.
Nun lege ich die in Würfel geschnittenen und mit Zitronensaft beträufelten Filets in die Kasserolle, und zwar so, daß sie sowohl auf als auch unter Wirsingblättern liegen. Ich gieße ein wenig Sahne darüber und lasse das Ganze wenige Minuten zugedeckt schmoren. Fertig. Lecker, lecker!

Nach dem gleichen Prinzip – erst die Gemüseunterlage fertig kochen, dann darauf die Fischwürfel kurz garen – bereite ich eine provençalische Version zu (für 2 Personen):

1 großes Fischfilet
2 große Zwiebeln, in Ringe geschnitten
6 geschälte, ganze Knoblauchzehen
1/2 TL Tomatenpüree
1 Cayennepfefferschote
2 EL kleine, schwarze Oliven
1 TL Fenchelkörner
Anchovis
frischer Thymian
1 Messerspitze Safranpulver
Salz
1 großes Glas Weißwein

Die Zwiebeln werden in einer großen, flachen Kasserolle in Olivenöl glasig angeschwitzt. Dann alle anderen Zutaten dazugeben. Deckel drauf und garen lassen. Das kann 15 oder auch 45 Minuten dauern und hängt von der Zwiebelsorte und ihrem Alter ab. Wenn sie fast gar sind, füge ich 2 EL Tomatenkonkassee hinzu (gewürfeltes Tomatenfleisch ohne Haut, Saft und Kerne). Abschmecken. Das Ganze soll etwas, aber nicht sehr gesalzen sein; denn nun schneide ich 6 Anchovisfilets klein und gebe sie hinzu. Nun kommen auch die vorbereiteten Fischwürfel in die Kasserolle. Wieder zudecken. Vier Minuten später trage ich die dampfende Kasserolle zu Tisch. Sie dufetet verführerisch! Einen Guß Olivenöl hinein und dazu Weißbrot sowie einen weißen, kalten Durstlöscher. (Will ich 4 Esser damit sättigen, verlege ich den Garungsprozeß in den heißen Ofen, wo ich eine Reine mit hohem Rand benutze, welche ich mit Alufolie abdecke.)

Rotbarschfilets mit Curryreis

Pro Person 100 g Parboiled Reis zusammen mit einer sehr fein gehackten Schalotte in Olivenöl anschwitzen lassen, bis die Körner glasig sind; braun dürfen sie jedoch nicht werden. Anderthalbmal so viel Wasser aufgießen, wie die Reismenge beträgt. (Beides messe ich in Tassen ab.) Nur leicht salzen. Einmal aufkochen lassen, dann zugedeckt entweder in den auf 70 Grad vorgeheizten Backofen stellen oder auf einer Herdplatte bei niedrigster Temperatur garen lassen. Je länger der Reis quillt, um so besser wird er, heißt es. Das meint: um so weicher. Ich will ihn aber gar nicht richtig weich haben, sondern mag ihn lieber mit Biß. Diesen Zustand darf ich nicht verpassen; deshalb sehe ich ab und zu nach, was er macht. Wird er zu schnell trokken, gebe ich noch etwas Wasser dazu, ist er fast gar und noch sehr feucht, nehme ich den Deckel ab. Inzwischen habe ich folgendes vorbereitet:
Die Fischfilets in Würfel geschnitten und mit Zitrone beträufelt. Ich bestreue sie jetzt mit Curry und wälze sie darin, bis sie sehr gelb geworden sind.
Drei Stunden vorher habe ich eine Handvoll Rosinen eingeweicht. Jetzt röste ich pro Person 1 EL Pinienkerne in einer trockenen Pfanne an, bis sie hellbraun geworden sind. Nun dünste ich die Fischwürfel wie üblich an: in Olivenöl und sehr, sehr behutsam. Die Rosinen und die Pinienkerne kommen im letzten Moment dazu (damit sie heiß werden) und dann vermische ich alles mit dem Reis. Gewürzt wird hier fast ausschließlich mit Curry, deshalb nehme ich davon nicht

wenig; das Gericht soll eine heiße Schärfe haben! Und wenn die mir nicht scharf genug erscheint (manche Currysorten sind sehr mild), dann rühre ich schnell noch 1/2 TL Curry unter den Reis.
Je schärfer der Reistopf ist, um so mehr Rosinen brauche ich. Denn seine Delikatesse beruht nicht zuletzt auf dem Gleichgewicht von süß und scharf. Und sauer, muß hinzugefügt werden, weil sich ja auch der Zitronensaft in Erinnerung bringt, in Erinnerung bringen muß; tut er es nicht, habe ich davon zu wenig genommen.
Und der Fisch? Er verschwindet keineswegs im orientalischen Aroma! Er stellt die Verbindung zwischen den einzelnen Elementen her. Und ob er nur ein Teil des Ganzen ist oder aber deutlich den Ton angibt, das hängt allein davon ab, wieviel Fischfilet ich verbraucht habe. Doch ob wenig oder viel – dieser Curryreis ist immer ein leichtes Essen von überraschendem Wohlgeschmack.
Das Ganze ist natürlich ziemlich exotisch, und das macht die Wahl eines passenden Weines schwierig. Es ist einleuchtend, daß zu Reisgerichten der asiatischen Küche Weißweine besser passen als Rotweine. Und bei den Weißen sind es trockene Gewürztraminer oder Ruländer, die sich am besten eignen. Vielleicht ist dies auch endlich einmal eine Gelegenheit, wo ein Müller-Thurgau paßt. Man müßte es ausprobieren.

Gespicktes Rotbarschfilet

Hier werden die Fischfilets ausnahmsweise einmal nicht in Würfel geschnitten, sondern gespickt. Darauf häufele ich gekochte Kartoffeln und lasse alles im Ofen leicht überbacken. Der besondere Geschmack wird durch die alte, aber nicht sehr gebräuchliche Kombination von Fisch und Räucherspeck bewirkt sowie durch Kapern, welche für eine leicht säuerliche Frische sorgen.
Im einzelnen sieht das so aus:

Kartoffeln
1/2 bis 1 Fischfilet pro Person
Sardellenfilets (Anchovis)
Kapern (möglichst kleine)
Räucherspeck
Butter, Salz

Die Kartoffeln sollten von der festkochenden Sorte sein. Sie werden als Pellkartoffeln gekocht, was ich leider nicht im voraus machen kann, da sie warm weiterverarbeitet werden.
Die Anchovis sind bereits gesalzen. Haben sie (je nach Fabrikat) einen grauenhaften Salzgehalt, so wasche ich sie unter Wasser; normal salzige werden nicht gewaschen. Mit ihnen spicke ich das Fischfilet, wozu ich sie wahrscheinlich kürzen muß; in voller Länge passen sie selten hinein. Mit einem spitzen Messer steche ich kleine Taschen in den Fisch, so dicht beieinander wie möglich, in die ich je einen Anchovisstreifen schiebe.

Wenn ich genügend viele Anchovis im Fisch unterbringe, brauche ich diesen nicht mehr zu salzen, andernfalls kriegt er eine kleine Prise mit auf den Weg. In etwas heißer Butter lasse ich nun den in dünne Streifen geschnittenen Räucherspeck aus. Bei einem Filet für zwei Personen genügen 50 g Speck.
Ich buttere eine feuerfeste Form aus, lege eine Schicht in Scheiben geschnittene Kartoffeln hinein, salze und plaziere darauf das gespickte Fischfilet. Ich bestreue es mit 2 EL Kapern, darauf häufele ich die restlichen, noch warmen Kartoffelscheiben (aber nicht mehr als 2 Lagen), welche ich wiederum salze. Ich begieße alles mit dem ausgelassenen Speckfett und schiebe die Form in den heißen Ofen, 200°, mittlere Schiene.
Die Speckscheiben lege ich obenauf, einmal zum Schutz gegen eventuelle Überhitzung der Kartoffeln, aber auch, weil ich mir einbilde, sie gäben noch etwas von ihrem Geschmack ab. Vor dem Servieren werfe ich sie weg.
Das Ganze ist kein Gratin; also dürfen die Kartoffeln nicht braun werden, nicht einmal goldgelb, weil der Fisch die dazu nötige Hitze nicht verträgt. Ich rechne mit höchstens 15 Minuten Garzeit. Der Fisch verliert – das ist unvermeidlich – etwas von seinem Saft. Der verbindet sich mit der Speckbutter. Diese und die hinzukommende Säure der Kapern geben dem im Grunde rustikalen Eintopf eine überraschende Delikatesse!
Pfeffer ist nicht nötig, stört aber auch nicht.
Dazu ein kräftiger, trockener Riesling oder ein voller Weißburgunder.

Lotte in Wirsing

Die Lotte heißt bei uns Teufelsfisch, Anglerfisch, Seeteufel und ist häßlich, einem Wels nicht unähnlich. Das Fleisch ist ungewöhnlich fest und grätenfrei. Wegen seiner festen Konsistenz erträgt es weitaus rauhere Behandlungen als andere Fische, das heißt, es wird nicht so leicht trocken und fällt nicht so schnell auseinander. Obwohl er nicht zu den Billigfischen gehört, wird der Seeteufel nicht hoch genug eingeschätzt; seine Delikatesse kann mit der eines Hummers konkurrieren.

Normalerweise schneidet der Fischhändler den großen Fisch in Scheiben, mit Haut und Knochen. Ich lasse ihn mir filieren, also ohne Haut der Länge nach auslösen. So erhalte ich schieres Fleisch. Je nach Bedarf (zum Beispiel für dieses Rezept) schneide ich die dikken Filets seitlich so weit ein, daß ich sie auf die doppelte Größe auseinanderklappen kann. Mit der flachen Seite eines Küchenmessers streiche ich sie glatt und habe nun ein ziemlich großes Stück Fisch. Bei sehr großen Fischen halbiere ich das Filet vollständig, mache also aus einem dicken Stück zwei dünne.

Für dieses Rezept wird der Seeteufel leicht angebraten, in Wirsing eingewickelt und gargedünstet.

Dazu brauche ich:

Pro Person zwei 10 cm lange Filets vom Seeteufel
Wirsing
Zitronensaft
Koriander

Thymian
Sahne
konzentrierte Kalbs- oder Hühnerbrühe
Butter, Salz, Pfeffer

Den Wirsing entblättern, entrippen und in kräftig gesalzenem kochenden Wasser 5 Minuten blanchieren. Herausnehmen, abtrocknen und flach auslegen.
Die Filets in heißer Butter sanft anbraten, so daß sie nicht braun werden, sondern lediglich ihr glasig-graues Aussehen verlieren und weiß werden. Salzen, mit Zitronensaft beträufeln, wenden. Das dauert nur eine oder zwei Minuten. Die Filets aus der Pfanne nehmen und diese mit wenig Kalbsbrühe ablöschen. Zitronensaft dazu und einkochen lassen.
Auf ein großes Wirsingblatt streue ich jetzt einige Korianderkörner, würze vorsichtig mit Thymian und pfeffere aus der Mühle. Darauf lege ich ein Fischfilet, das mit den gleichen Gewürzen bestreut und in das Wirsingblatt eingeschlagen wird. Ich salze von außen, lege das grüne Päckchen in eine feuerfeste Form und übergieße es mit dem reduzierten Bratsaft aus der Pfanne. Ab in den Ofen (200°). Nach 10 Minuten ein wenig Sahne auf die Päckchen gießen, weitere 10 Minuten bei reduzierter Hitze dünsten lassen – fertig. Dazu Bouillonreis.
Der Schmorsaft wird weder eingekocht noch sonstwie verfeinert, er ist gerade recht so. Als Sauce, zum Befeuchten der Reiskörner, ist er nicht gedacht. Das würde ihn, und damit das ganze Gericht, um seine zarte Eleganz bringen. Deshalb muß der Reis selbständig gewürzt und gebuttert werden, darf also nicht auf

Fisch statt Salz:
Anchovis

das Aroma der eingewickelten Fischfilets angewiesen sein.
Dazu trinke ich einen sehr trockenen Weißwein bester Qualität.

Doraden halb und halb

Doraden sind Mittelmeerfische; es gibt sie in verschiedenen Größen. Je größer sie sind, um so besser und teurer. Ich brauche nur kleine, in Portionsgröße. Sie werden oft erstaunlich preiswert angeboten.
Für 2 Personen:

2 Doraden à 450 g
3 große Zwiebeln
4 Tomaten
1 TL Fenchelkörner
4 Knoblauchzehen
Cayennepfeffer
Zitrone, Olivenöl, Salz

Die Zwiebeln enthäuten und in Ringe schneiden. Die Tomaten in kochendes Wasser legen, enthäuten, entkernen und in Würfel schneiden. In einer feuerfesten Form, die groß genug ist, um die Fische aufzunehmen, Olivenöl heiß werden lassen. Die Zwiebeln und Tomaten einlegen, die Fenchelkörner und die geschälten Knoblauchzehen dazu, salzen, 1 – oder bei Freunden der Pfefferschärfe auch 2 – Cayennepfefferschote zermörsern und untermischen. Auf dem Herd oder im

Aroma mit Anchovis

Die kleinen Anchovis – oder Sardellenfilets – sind nicht als Fische, sondern als Gewürz zu betrachten, als eine Möglichkeit, auf Salz zu verzichten und gleichzeitig ein zusätzliches Aroma ans Essen zu bringen. So salzig sie auch sein mögen, wenn man sie einzeln probiert, in einem Fischtopf, einem Fischragout oder in einem Gemüsegratin müssen es schon mehrere sein, damit sie sich bemerkbar machen. Vor Gebrauch tupfe ich ihnen das Öl ab, in dem sie gelegen haben, weil es nicht die gute Qualität hat, die ich normalerweise verwende. Die in der deutschen Küche nicht unbekannte Möglichkeit, hartgekochte Eier mit Anchovis zu garnieren, findet ihre schönste Anwendung im Salat niçoise.

Ofen dünsten, bis die Zwiebeln gar sind. Bei zu großer Hitze kann diese Mischung trocken werden. In diesem Fall etwas Weißwein angießen.
Die geschuppten, ausgenommenen und gewaschenen Doraden mit Zitrone beträufeln und auf die Zwiebeln legen. Weder salzen noch pfeffern. In den heißen Backofen stellen und den Grill einschalten. Nach 5 Minuten zeigen sich Spuren der direkten Hitzeeinwirkung auf der Haut der Fische: sie sind gar. Und zwar von oben gegrillt, von unten gedünstet. In der Bratform servieren. Dazu aufgebackenes Stangenbrot. Trockene Weißweine, gekühlte, rote Landweine.

Gedünsteter Heilbutt

Wo Doraden weder groß noch klein angeboten werden, wird es wahrscheinlich Heilbutt geben. Ein völlig anderer Fisch zwar, aber man kann ihn auf dieselbe Art zubereiten wie die Doraden. Allerdings sollte man ihn nie grillen. Die Heilbuttschnitte (oder -schnitten) sollte 3 cm dick sein. Nach drei Minuten im Ofen drehe ich sie um und nehme nach weiteren 2 Minuten die Form aus dem Ofen. Längere Garzeiten trocknen den Fisch aus. Anstatt die Zwiebeln zu salzen, kann ich bei diesem Rezept auch gehackte Anchovis verwenden.

Ein Topf nur,
aber
viel Geschmack

Gefüllte rote Paprika »Istanbul«

Die Grundidee ist orientalisch, der Curry asiatisch; doch die Exotik dieses sommerlichen Essens hält sich in Grenzen.

Für 4 Personen brauche ich:

8 rote Paprikaschoten
400 g Langkornreis
2 EL Rosinen
2 EL Pinienkerne
2 Fleischtomaten
2 große Schalotten
2 dicke Knoblauchzehen
2 TL Koriander
frischen Thymian, Curry, Olivenöl

8 Paprikaschoten und 400 g Reis für 4 Personen, das klingt viel, ist es auch. Aber da hier Fett kaum ins Spiel kommt und Curry erfahrungsgemäß den Appetit eher anregt als dämpft, darf man die Mengen nicht überschätzen.
Die Schalotten feinhacken, im Öl anschwitzen, dann die Pinienkerne, die gewaschenen Rosinen, den Thymian und den Koriander dazugeben, den Knoblauch durchpressen, salzen. Den Reis waschen (was überflüssig ist, wenn es sich um vorbehandelten Reis handelt) und mit den Gewürzen anschwitzen lassen; Curry unterrühren. Wieviel Curry, ist schwer zu sagen. Curry kann milde schmecken, mit einem deutlichen Hinweis auf seinen Safrananteil. Er kann aber auch

höllisch scharf sein. Ich mag's gerne scharf; doch sollte die Schärfe andere Aromen nicht verdecken. Also zwischen 1/2 TL und der doppelten (dreifachen?) Menge unter den Reis rühren. Mit Wasser so weit aufgießen, daß es 1 cm über dem Reis steht. 2 Minuten sprudelnd kochen lassen, dann zugedeckt auf kleinster Flamme 40 Minuten ziehen lassen.
Die Tomaten enthäuten, entkernen und ausdrücken, ihr Fleisch in kleine Würfel schneiden und unter den fertigen Reis mischen. Von den Paprika den Deckel abschneiden, ausputzen. Den fertigen Reis einfüllen. Eine flache, feuerfeste Form 1 cm hoch mit Wasser füllen, dahinein die Paprika stellen. Mit Alufolie abdekken und in den sehr heißen Backofen schieben. Insgesamt brauchen die Paprika zirka 40 Minuten, um gar zu werden. Dazu brauchen sie eine starke Hitze, welche andererseits den Reis nicht austrocknen oder gar die Paprika verbrennen darf. Also muß ich von Zeit zu Zeit kontrollieren, was da in meinem Ofen passiert, und die Hitze entsprechend regulieren. Sind die Paprika gar, herausnehmen und auf jede Paprika etwas gehackte Pfefferminzblätter streuen.
Dazu gibt's nichts. Sogar Brot halte ich angesichts des Reises für überflüssig. Der Geschmack ist eher sanft und weich, mit einem süßlichen Grundmotiv und agressiv scharfen Obertönen. Da es sich um ein ausgesprochen leichtes Essen handelt, rate ich zu einer kräftigen Vorspeise, nachher ist ein Käse angebracht. Wie immer bei scharfen Speisen mit süßem Akzent, ist eine Weinempfehlung schwierig. Ein trockener Gewürztraminer, nicht so alt und schwer, oder ein Saumur-Champigny, ein leichter gekühlter Rotwein von der

Loire, wären am besten geeignet. Aber auch Bier, warum nicht, erscheint hier möglich.

Gratin Adrienne

Ich liebe Gratins. Ein Gratin besteht bei mir entweder ausschließlich oder zum größten Teil aus Gemüse. Und ich esse sehr gerne Gemüse – vorausgesetzt, es ist nicht Bestandteil einer fett- und fleischlosen Diät. Damit ist gesagt, was ein Gratin auch haben muß: Fett. Und – vielleicht – auch Fleisch. Letzteres ist jedoch nicht wichtig, das kann fehlen. Ohne Fett jedoch geht es nicht. In neun von zehn Gratins besteht das Fett aus Sahne. Kartoffeln, Lauch, Chicorée, Blumenkohl – erst ein gehöriger Guß Sahne verwandelt den mutmaßlichen Vegetarismus in eine Delikatesse.

So auch beim Gratin Adrienne. Adrienne heißt eine alte Pariser Bistroköchin, die noch heute in einem kleinen Lokal werkelt und ihre Stammkunden mit Deftigkeiten liebevoll versorgt. Mein Gratin Adrienne, das sich eng an eines ihrer Rezepte anlehnt, ist gar nicht einmal so deftig. Gewiß, ein Becher Sahne und zwei Eigelb sind drin, etwas Butter kommt auch noch dazu, und wenn es draußen kalt ist, oder es gibt sonst nichts zu essen, dann verschlage ich in der Sahne noch einen Eßlöffel crème fraîche. Schließlich wird auch noch Schinkenspeck benötigt.

Trotzdem ist es ein einfaches Gericht; einfach, aber lecker! Es besteht aus einer Lage Fenchel, Schinkenspeck plus Parmesan und aus einer Lage Blumenkohl. Mehr nicht.

Wichtig,
ja fast unentbehrlich:
Zitrone

Und im einzelnen sieht das so aus (Zutaten für 2 Personen):

1 kleiner Blumenkohl
1 große oder 2 mittlere Fenchelknollen
magerer Schinkenspeck
1 Tasse frisch geriebener Parmesan
200 g Sahne
$1/2$ Tasse Milch
1 EL Crème fraîche
2 Eigelb
1 Zitrone
Muskat, schwarzer Pfeffer, Salz,
Butter

Zunächst werden die Fenchelknollen der Länge nach halbiert. Den keilförmigen Strunk sorgfältig herausschneiden, das äußere, dicke und manchmal etwas angegilbte Deckblatt entfernen. Gesalzenes Wasser mit dem Saft einer halben Zitrone versetzen, zum Kochen bringen und die Fenchelhälften hineinlegen. Das Wasser muß deutlich salzig und gleichzeitig säuerlich schmecken. 20 Minuten kochen lassen, den Fenchel herausnehmen und abtropfen. Das Wasser wieder zum Kochen bringen, eventuell nachsalzen, und den in kleine Röschen ohne Stiele zerlegten Blumenkohl 15 Minuten kochen lassen. Herausnehmen.
Inzwischen habe ich eine nicht zu kleine Gratinform ausgebuttert. Den Fenchel schneide ich in mundgerechte Stücke und lege sie auf den Boden der Form. Darauf kommen die mageren, dünn geschnittenen Räucherspeckscheiben, dicht an dicht. Mit dem Par-

mesan bestreuen. Als letzte Schicht lege ich darauf die kleinen, halbgaren Blumenkohlröschen und bestreue großzügig mit grob geschrotetem schwarzen Pfeffer.
Nun verrühre ich die Sahne mit der Milch, den beiden Eigelb, der Crème fraîche und würze mit Salz, dem Saft einer halben Zitrone und Muskat. Diese Mischung gieße ich über das Gemüse. Das wird nicht vollständig bedeckt sein, das würde die ganze Sache auch zu feucht machen. Aber im Trockenen sollen die Blumenkohlröschen auch nicht liegen. Hier gilt es, wie beim Salzen, mit Gefühl zu arbeiten – und natürlich abschmecken.
Die Form in den 200° heißen Ofen schieben und rund vierzig Minuten garen lassen.
Wie immer bei Gratins sehe ich von Zeit zu Zeit nach, was sich da im Ofen tut. Wird die Oberfläche braun, decke ich sie mit Alufolie ab. Habe ich das Gefühl, das Ganze ersäuft in der Sahne, ohne zu garen, erhöhe ich die Hitze. Also nicht anders als bei einem Kartoffelgratin: ein Kinderspiel. Abgeschmeckt habe ich mehrmals; es kann eigentlich nichts schiefgehen.
Ungewohnt ist wahrscheinlich die Menge. Die angegebenen Quantitäten füllen eine 30 cm lange Gratinform. Und das soll für nur zwei Personen sein? Tja, wenn diese beiden sonst nichts essen, futtern sie das ratzekahl auf. Weil es so leicht ist. Und so gut schmeckt!
Ohne den Schinkenspeck – den Adrienne durch Parmaschinken ersetzt – geht es auch. Allerdings würde ich dann vielleicht etwas (oder viel) Knoblauch in die Sahne drücken. Denn ohne den Speck schmeckt das Gratin etwas gemüsig; es fehlt ihm zur Abrundung der fremde, von außen kommende Geschmack. Räucherspeck ist da ideal.

Eine andere Möglichkeit wäre die Verwendung von Anchovis statt Speck. Doch dann paßt plötzlich die Sahne nicht mehr, die Harmonie kommt aus dem Gleichgewicht; was fehlt, sind Tomaten. So kommt man von einem zum anderen, und plötzlich ist aus dem ursprünglich geplanten Gratin ein völlig anderer geworden. Auch deshalb sind Gratins so interessant, auch deshalb tauchen sie immer wieder auf meinem Küchenzettel auf.

Kartoffel-Sellerie-Gratin

Sellerie und Kartoffeln spielen bei Gratins eine wichtige Rolle. Die Kartoffel – halbfest oder mehlig – integriert die Flüssigkeit und die Butter, während Sellerie für das Aroma sorgt. Die Selleriestücke bilden nicht nur geschmacklich einen Kontrast zu den Kartoffelscheiben; sie sorgen durch ihre andersartige Konsistenz auch für ein delikates Gegengewicht zur Kartoffel.

1 Sellerieknolle mittlerer Größe
8 große Kartoffeln

ist die Standard-Zusammensetzung für 4 Personen. Nun genügen die beiden Gemüse nur im Notfall, wenn nichts anderes zur Hand ist. Schöner wird ein Gratin durch zusätzliche Elemente, und das können die verschiedensten Dinge sein: geriebener Käse, geschnetzelte Fleischreste, aufgeweichte Trockenpilze oder Tomaten. Hier ein Beispiel für geplante Resteverwertung: das kalte Fleisch einer Lammkeule oder einer Lammschulter, in dünne Scheiben geschnitten als Einlage.

Die Kartoffeln schälen, in Scheiben schneiden und 15 Minuten in Salzwasser kochen, abgießen. Den Sellerie schälen, halbieren und in Scheiben schneiden. 10 Minuten in Wasser kochen, dem der Saft von mindestens einer Zitrone beigegeben wurde. Herausnehmen; vom Kochwasser eine große Tasse aufheben.

Eine Gratinform gut ausbuttern, eine Schicht der halbrohen Kartoffeln einlegen. Leicht pfeffern. Darauf die in sehr dünne Scheiben geschnittenen Fleischreste schichten (Braten etc.), darauf eine Lage Selleriescheiben, salzen, pfeffern. Dünn mit Kartoffelscheiben abdecken.

5 große Tomaten enthäuten, entkernen. 4 Zehen Knoblauch hacken. Tomaten und Knoblauch in 1 EL Butter anbraten, 1 TL Tomatenpüree dazugeben, salzen und pfeffern. 5 bis 10 Minuten dünsten lassen. Das Selleriewasser sowie 4 EL Crème fraîche dazugeben. Zugedeckt 5 Minuten köcheln lassen. Über die obere Kartoffelschicht gießen. Die Gratinform in den Ofen schieben und 40 Minuten bei mäßiger Hitze garen lassen. Zum Schluß Oberhitze oder den Grill einschalten und leicht gratinieren.

Das Gratin hat einen Nachteil: Man wird davon nicht satt, weil man nicht genug davon kriegt!

Ohne Zitrone geht nichts

Fischsaucen ohne Zitrone kann ich mir so wenig vorstellen wie ein Obstkompott oder eine Marmelade ohne sie. Die Zitrone ist dort genauso unverzichtbar wie auf Austern. Aber auch dem Hühnerfleisch dient die Zitrone nicht selten als Gewürz; bei Pilzen geht nichts ohne sie. Ganz wichtig ist Zitrone bei fast allen Kohlsorten. Der dumpfe, bittere Kohlgeschmack, der ja nicht gerade delikat zu nennen ist, wird durch einen Guß Zitronensaft zivilisiert. Darüber hinaus verhilft die Zitrone einigen anderen Gemüsen (Selleriepüree, Chicorée, Spargel) zu ungewohnter Verfeinerung. Zum Räucherlachs und im Tee ist sie eine Frage des persönlichen Geschmacks, auf Kaviar barbarisch.

Chicorée-Gratin

Dieses eigentümliche Gärtnerprodukt wird überwiegend roh als Salat gegessen. Wahrscheinlich wissen nur wenige, daß die dicken, weißen Spindeln einen schönen Geschmack entwickeln und eine vortreffliche Gemüsebeilage abgeben, wenn man sie schmort. Und zwar mit Speck und Zitrone. Letztere ist hier, wie bei allen Kohlsorten, nötig, um die Bitterkeit zu eliminieren; der Rauchgeschmack des Specks verbindet sich damit auf delikate Weise. Ich brauche

pro Person 1 bis 1½ Chicorée
Rauchspeck
Butter, Zitrone
Pfeffer, Salz

Die Chicorée der Länge nach halbieren; der dabei sichtbar werdende keilförmige Stielansatz wird herausgeschnitten. Er ist gleichzeitig holzig und bitter. Bitter können auch die äußeren, dicken Blätter sein. Vor allem wenn sie stark grün sind oder braune Stellen haben, entferne ich sie.

In einer Gratinform mit glattem Boden erhitze ich auf dem Herd dünne Scheiben mageren Räucherspecks in reichlich Butter. Sie sollen nicht knusprig braun werden, sondern nur ihren Geschmack an die Butter und das Gemüse abgeben.

Darauf setze ich die halbierte Chicorée, mit der Schnittfläche nach oben, und lasse sie etwas anbraten. Ich salze, pfeffere und beträufle sie großzügig mit Zitronensaft. Einige Butterflöckchen obenauf, dann

decke ich mit Alufolie ab und schiebe die Form in den 250° heißen Backofen. Nach 15 Minuten entferne ich die Folie und reduziere die Hitze ein wenig. Die Chicoree haben genügend Feuchtigkeit, um nicht auszutrocknen. Sie sind fertig, wenn ihre Oberfläche braun ist, was bis zu 45 Minuten dauern kann.
Zu Schmorbraten und Wild.

Lecker, leicht und gesund: Der Reis

Nichts ist so bekömmlich wie Reis. Ich esse Reis häufig sogar aus Notwehr: Nach einer Woche anstrengender Völlerei in den Restaurants der Grande-Cuisine-Klasse gibt es nichts Schöneres als ein leichtes und sanftes Reisgericht. Das darf auch gut gewürzt sein, ja sogar pfefferscharf – es ist eine Labsal für die malträtierten Organe.
Hier endet mein Plädoyer für den Reis als Gesundheitskost; denn mir geht es ausschließlich um den Wohlgeschmack. Doch auch da hat Reis erstaunlich viel zu bieten. Denn was immer er sonst sein mag – Reisgerichte können unwiderstehlich lecker sein!
Wir unterscheiden grob zwischen Langkorn- und Rundkornreis. Letzerer wird als Milchreis und für italienische Risottos verwendet und halbfeucht gegessen. Deshalb nehme ich ausschließlich Langkornreis. Davon gibt es (abgesehen von den Naturreissorten der Vollwertkost) nur den weißen und den vorbehandelten (Parboiled) Reis. Letzerer hat mehr Vitamine und ist einfacher zu verarbeiten.
Ich ziehe es vor, wenn Reiskörner noch einen leichten Biß haben. Deshalb brate ich parboiled Reis (polierter Langkornreis) zunächst in Olivenöl an, in das ich eine feingehackte Schalotte gebe. Die Körner werden dabei leicht glasig (aber nicht braun!). Dann fülle ich mit Wasser auf, 1½ mal so viel Wasser wie Reis. Einmal sprudelnd aufkochen und dann zugedeckt entweder auf dem Herd bei der schwächsten möglichen Hitze

oder im Backofen bei 75° quellen lassen. Von Zeit zu Zeit kontrolliere ich diesen Vorgang. Sind die Körner schon fast gar, aber noch feucht, nehme ich den Deckel ab. Sind sie trocken, aber noch hart, gieße ich noch etwas – sehr wenig! – Wasser nach. Nach 30 bis 40 Minuten ist mein Reis gar.
Brate ich den Reis voher nicht an, wird er sehr gründlich im Sieb unter fließendem Wasser gewaschen, dann mit Wasser aufgesetzt, zum Kochen gebracht und auf die übliche Weise gegart.
Reis ist keine Beilage zu Fleisch mit Sauce wie Nudeln oder Kartoffeln. Ich vermische ihn mit gedünstetem, kleingeschnittenem Gemüse verschiedener Art, würze mit Curry oder Safran, mit Rosinen oder Ingwer oder was da sonst alles möglich ist – und fertig.
Fast immer röste ich eine Handvoll Pinienkerne in der Pfanne an und mische sie unter den Reis. Wenn es paßt, gebe ich etwas Olivenöl in die Pfanne, worin ich eine Prise Curry auflöse, bevor ich die Pinienkerne röste. Sie werden gelb, sehr aromatisch und genügen fast schon allein, um aus dem ungesalzenen Reis ein Essen zu machen.
Ich verarbeite Reis nach folgender Regel: Mit Fleisch = selten. Mit Fisch = oft. Mit Gemüse – immer.

Wirsingreis mit Langustinos

Dieses Gericht erreicht fast das Niveau der Feinen Küche. Die Beschreibung klingt zwar ein wenig exotisch, aber das Resultat ist eine große Delikatesse.

(Nur die Knoblauchfeinde werden zögern...) Außer Reis und Wirsing brauche ich

pro Person 6 bis 8 Langustinos

Diese sind auch in rohem Zustand leicht rosa. Hier ist, anders als beim verwandten Hummer, die Farbe kein Indiz dafür, daß sie bereits gekocht sind. Langustinos werden meistens als kalte Vorspeise serviert. Dabei machen sich die Esser auch über den Inhalt der langen und schmalen Scheren her. Eine mühsame und nicht lohnende Arbeit, wie ich finde.
Auf meinem Teller liegen nur die Schwänze. Diese werden vom Körper der Langustinos abgedreht und entschält. Dazu breche ich die einzelnen Panzerplatten an der Unterseite auseinander und ziehe das Fleisch heraus. Der dabei eventuell sichtbar werdende, dünne schwarze Faden ist der Darm. Und da er schon einmal zu sehen ist, ziehe ich ihn auch heraus; doch nur dann.
Die Schalen und die zerhackten Scheren (aber nicht Kopf und Brustpanzer) röste ich in einer hohen Pfanne in Olivenöl an, dem ich einen knappen Teelöffel Koriander beigebe (bei 2 Portionen) sowie eine zerdrückte Knoblauchzehe. Salzen, pfeffern, mit Thymian bestreuen und flambieren: 1 Glas Cognac in die Pfanne gießen, anzünden und schütteln, bis die Flamme verlöscht. Mit reichlich Wasser aufgießen, eine Prise Safran einstreuen und auskochen lassen, je länger je lieber. Minimum 45 Minuten.
Vom Wirsing werden die benötigten Blätter abgetrennt, die Stiele herausgeschnitten und die Blätter in kochendem Salzwasser 3 Minuten blanchiert. Wieviel

ist eine benötigte Menge? Beim Wirsing immer mehr, als man annimmt, weil er sehr zusammenfällt. Nach dem Blanchieren werden die Wirsingblätter auf einem Küchentuch abgetupft und in kleine Stücke geschnitten oder gerissen.
Inzwischen koche ich den Langkornreis, der nicht gewaschen werden muß. Als Kochwasser nehme ich den ausgekochten und durchgesiebten Schalensud, den ich vorher abgeschmeckt habe. Der Reis braucht jetzt zum Quellen ungefähr 30 bis 40 Minuten, zugedeckt entweder im Ofen oder auf dem Herd bei kleinster Flamme. Wenn er gar ist (vorher probieren; eventuell noch etwas Sud nachgießen!), kümmere ich mich um den Wirsing.
In einer großen Pfanne lasse ich 1 EL Butter schmelzen und löse darin 2 Stücke Würfelzucker auf. Ich gebe 1 TL Sojasauce hinzu und lasse darin die Wirsingblätter anschwitzen. Salzen (sofern noch nötig), leicht pfeffern und den Saft einer halben Zitrone dazugeben. Insgesamt darf der Wirsing nur wenige Minuten in der Pfanne bleiben, da er bei längerem Dünsten zäh wird.
In einer anderen großen Pfanne erhitze ich Olivenöl, gebe drei, vier oder noch mehr feingehackte Knoblauchzehen sowie 1 EL Koriander hinzu und brate darin die leicht gesalzenen Langustinosschwänze sehr heiß und schnell auf beiden Seiten, 2 bis 3 Minuten nur!
Den Reis in Portionsschalen mit dem Wirsing vermischen, darauf die Schwänze anrichten. Die Korianderkörner wie auch das Öl und der Knoblauch bleiben zum größten Teil in der Pfanne zurück. Knoblauchfreunde können die Intensität ihres Lieblingsgewürzes

noch verstärken, indem sie den Knofel erst während des Bratens mit einer Presse in die Pfanne drücken. Der durch den Zucker und die Zitrone verfremdete Wirsing bildet zusammen mit den Langustinosschwänzen eine wunderbare Koalition, welche durch den aromatischen Reis aufs Schönste vervollkommnet wird. Wer es kann, sollte jetzt mit Eßstäbchen essen und sich die Delikatesse nicht mit der Gabel ins gierige Maul schaufeln. Nimmt man statt der Langustinos die dickeren und festeren Gambas, so verstärkt sich die erfreuliche Wirkung auf die Sinne noch um einige Grade!
Dazu trockene Ruländer (Pinot gris, Tokay d'Alsace) oder Gewürztraminer. Oder aber einen »Y« aus dem Keller von Château d'Yquem.

Gemüsereis mit roten Paprikaschoten und Champignons

Für zwei Personen eine sehr große oder zwei normal große rote Paprikaschoten in ungefähr 2×5 cm große Stücke schneiden. Alle weißen Stege und Körner entfernen. In Olivenöl anbraten, 1 EL Koriander, Salz und reichlich Pfeffer dazugeben (schwarz, grob geschrotet). Mit 1 TL trockenem Thymian bestreuen. 2 geviertelte Knoblauchzehen, 1 TL Lavendelhonig und 1 Lorbeerblatt dazu. Mit 1 1/2 EL Estragonessig ablöschen. Abschmecken. Wenn nötig, weiteren Essig zufügen; trotzdem soll das Ganze nicht säuerlich schmecken. In Verbindung mit den süßlichen Paprikaschoten und dem Honig ergeben die Gewürze ein

ziemlich exotisches und scharfes Aroma. Den Saft der Paprikas soweit einkochen, daß er fast zum Karamel wird. Warm stellen.
Die Köpfe von 150 g Champignons putzen und in nicht zu kleine Stücke schneiden. In Olivenöl anbraten, wie üblich salzen und mit Zitronensaft beträufeln. Dazu noch 1 TL Tomatenpüree, 1 kg durchgepreßte Knoblauchzehe und, wenn die Pilze keinen Saft ziehen, 1 kleines Glas Weißwein. Champignons, Paprikas und Reis miteinander vermischen und in einer vorgewärmten Schüssel servieren.

Hühnchen, Hühnchen und die Knoblauchtaube

Brathähnchen mit Zitrone und Lauchgemüse

Da unsere Geflügelhändler keine Franzosen sind, verkaufen sie Hühner und Brathähnchen nicht bratfertig zusammengebunden. Das ist in diesem Fall ein Vorteil; denn so kann ich dem Hühnchen drei Zitronenscheiben in den Bauch schieben. Danach bemühe ich mich, wenigstens die Keulen mit einem Wurstfaden zusammenzubinden. Das runde Paket brate ich in einem Bräter rundherum in Butter an und salze gleichzeitig. Da die Butter nicht verbrennen darf, geht das nur bei sehr mäßiger Hitze; es dauert also seine Zeit; ich rechne mit 15 Minuten. Auch danach ist das Hähnchen nicht braun, aber das macht nichts.
Ich schneide von der ungespritzen Zitrone weitere Scheiben ab und lege diese um und auf das Huhn und schiebe alles ohne Deckel in den Backofen. Auch der ist wegen der Butter nicht sehr heiß; bei mir bedeutet das 120°, andere Öfen mögen mehr oder weniger brauchen. Also die langsame Tour – nichts wird braun, nichts wird kroß. Dafür bleibt alles saftig und die Butter verbrennt nicht. Die Bratzeit beträgt bei diesem Tempo 1 Stunde, also mehr als bei einem ausgewachsenen Huhn!
Gleichzeitig stelle ich noch etwas in den Ofen: den Lauch. Ohne ihn gelingt dies Gericht nicht. Denn wenn ich mir auch ein anderes Gemüse als Beilage zum Hähnchen denken kann, so ist doch der Saft, den die Lauchstangen beim Garen abgeben, die halbe Sauce! Das geht folgendermaßen vor sich:
Für 2 Personen brauche ich 5 mitteldicke Lauchstan-

gen, und zwar nur das Weiße davon. Die blanchiere ich 5 Minuten in kochendem Salzwasser. Lasse sie abtropfen. Eine flache, feuerfeste Form wird großzügig ausgebuttert. Die Lauchstangen nebeneinander hineinlegen. Frischen, geschälten Ingwer reiben, ungefähr einen gehäuften Teelöffel, über den Lauch streuen. Etwas Zitronensaft darüberträufeln, leicht salzen, mit heißer, brauner Butter begießen.

Sorgt für Abwechslung in der Küche: Curry

Curry für Könner

Den Curryeinkauf sollte man nicht dem Zufall überlassen. Irgendwann gerät man dann in ein Spezialgeschäft für asiatische Lebensmittel. Dann heißt es zugreifen: Curry aus Madras und aus Pakistan; Java-Curry, Siam-Curry, Malabar Hot Curry... jede Sorte schmeckt anders. Von blumig-sanft bis feurig-scharf, von rötlich bis hellgelb, die Variationen sind unendlich. Zwar werden nur passionierte Reisesser die diversen Unterschiede richtig ausnutzen können; aber eine Prise Curry wirkt Wunder bei Fischsaucen und sorgt für Abwechslung bei Brathähnchen, Lamm und Gemüse. Sellerie, Chicoree, Lauch und Schwarzwurzeln profitieren besonders davon. Wer Curry mit geschnetzelten Kalbsnieren kombiniert, dem erschließt sich eine neue Welt.

Mit Folie dicht abdecken und in den Ofen schieben. Die Garzeit kann 45 Minuten dauern. In dieser Zeit die Lauchstangen ein- oder zweimal herumdrehen. Sie sollen sehr weich werden und zum Schluß nicht wenig Saft abgegeben haben.
Jetzt ist auch das Hähnchen gar, sogar leicht braun geworden. Ich nehme es aus dem Bräter, werfe die Zitronenscheiben weg und entfette den Bratensaft. Letzteres ist sehr wichtig, weil die obenauf schwimmende Butter und das ausgetretene Hühnerfett meine Sauce nicht verbessern würden. In den Rest des Bratsaftes gieße ich den Saft des gedünsteten Lauchs. Wenn ich von Anfang an richtig gewürzt habe, ist die Sauce damit vollendet – in jeder Hinsicht. Andernfalls (abschmecken ist auch hier unerläßlich!) kann ich noch mit Salz und Zitronensaft nachwürzen. Sollte die Sauce zu dünn sein, gebe ich noch ein Stück kalte Butter hinein und verschlage sie am Herdrand mit dem Schneebesen.
Das Hähnchen tranchieren, dazu die Lauchstangen servieren und darüber die höchst delikate Sauce – wer fragt da nach Kartoffeln? Wo die denn unbedingt sein müssen (Nudeln oder Reis passen hier nicht): Bitte, nur kleine, möglichst junge Kartoffeln mit der Schale kochen und, wenn sie gepellt sind, leicht in heißer, salziger Butter wälzen. Dazu ein fruchtiger Weißwein – ein Genuß!

Brathähnchen mit Curry und Reis

Dieses Rezept läßt sich genauso mit einem ausgewachsenen Huhn realisieren. Doch wenn Zartheit und jugendliche Blässe ein Vorzug sind, dann hier. Der verwendete Curry bedeutet auf keinen Fall, daß es sich hier um ein Rezept der indischen Küche handelt. Er wird nur in kleinster Menge verwendet, dient zum Abrunden der Sauce und bestimmt nicht, wie bei asiatischen Gerichten, autoritär den Geschmack. Der ist hier eindeutig europäisch, das bedeutet, nach unseren Maßstäben fein und ausgewogen.

Das Hähnchen wird wie für ein Hühnerragout zerteilt. Also die Keulen in je zwei Stücke, die Flügel extra. Die Brust aber bleibt eine einzige Partie; sie wird erst vor dem Servieren tranchiert, weil sie so, ganz belassen, weniger austrocknet. Die einzelnen Stücke werden gesalzen und in nicht wenig Butter (ca. 80 g) sanft angebraten. Eine große, frische weiße Zwiebel (nicht eine der stinkenden goldgelben) häuten und in Scheiben schneiden und unter die anbratenden Hühnerstücke schieben.

Nach ungefähr 15 Minuten, wenn die Stücke leicht angebräunt sind, verrühre ich in einem kleinen Glas süßer Sahne (ca. 100 g) einen halben Teelöffel Curry und gieße das über die Hühnerstücke. Mit einigen Tropfen Zitronensaft aromatisieren. Deckel drauf und sehr sanft und langsam schmoren lassen, was an die dreiviertel Stunde dauern kann.

Zum Curry ist zu sagen, daß er je nach Fabrikat verschieden, sogar sehr verschieden ausfallen kann, da er

ja eine Gewürzmischung ist. Scharf oder nicht scharf, das ist keine Qualitäts-, sondern eine Geschmacksfrage. Ich benutze nur scharfen Curry, nehme davon aber gegebenenfalls sehr wenig, so wie hier. Denn dieser halbe Teelöffel verwandelt die Sauce eben nicht in eine scharfe, exotische Angelegenheit.
Die Hitze muß reduziert bleiben, damit die Sahne beim Schmoren nicht zerfällt: klares Fett obenauf, der würzige Rest unten. (Was man, sollte es dennoch passieren, allerdings durch einen abschließenden Guß kalter Sahne beheben kann.)

Nach Beendigung der Garzeit müßten die Zwiebelringe, wenn sie wirklich frisch waren und von einer weißen Zwiebel stammten, sich fast aufgelöst haben. Das fördert die Sämigkeit der Sauce. Es läßt sich nicht voraussagen, wieviel sich davon gebildet hat, welche Konsistenz sie besitzt und ob sie auch so schmeckt, wie ich das erhoffe. Meistens gelingt sie, ohne daß Korrekturen nötig wären; möglich ist Nachsalzen, noch etwas Zitronensaft, noch etwas Sahne oder Curry.
Habe ich mich aber am Anfang beim Curry vergriffen und die Sauce ist zu einer scharfen, gelben Currysauce geworden, dann gibt es nur zwei Möglichkeiten: Entweder ich erkläre mein Brathähnchen zu einem Beispiel indischer Regionalküche und serviere Bier dazu, oder ich enthäute ein oder zwei Tomaten in kochendem Wasser, entkerne sie und drücke den Saft heraus, wonach ich das Tomatenfleisch in Würfel schneide und in die Sauce gebe. Aber was bei salzigen Saucen problemlos funktioniert, ist hier nicht so wirkungsvoll. Immerhin stört das Tomatenkonkassee nicht das

Grundkonzept, und entschärft wird die Currysauce in gewisser Weise doch.
Als Beilage in jedem Fall: Langkornreis.

Tauben mit Knoblauch

Dies ist eines meiner Lieblingsrezepte. Es ist an Einfachheit nicht zu übertreffen. Und, wie ich meine, auch nicht an Wohlgeschmack; zur Beschreibung fällt mir nur das Wort »edel« ein. Wie das? Knoblauch soll edel sein? Gewiß doch. Wenn er nicht roh geschluckt wird, sondern in garem Zustand, belastet er weder den Magen des Essers noch die Nasen der Nachbarn. Knoblauch als Gemüse also.
Tauben sind klein, sie reichen gerade für eine Person. Ich bevorzuge die mit dunkelrotem Fleisch; die helleren (und größeren) Exemplare haben weniger Charakter. Pro Person:

1 Taube
6 schwarze Pfefferkörner
4 Wacholderbeeren
1/3 TL Salz
6 dicke Knoblauchzehen
Butter, Olivenöl

Pfeffer, Wacholderbeeeren und Salz werden zusammen im Mörser zerstoßen. Damit reibe ich die Tauben von außen und innen ein. In einem Bräter erhitze ich die Butter und das Öl im Verhältnis 1:2, brate die Tauben

Die Zehe mit dem langen Atem: Knoblauch

darin an und lege sie auf eine Seite. Dazu kommen die ungeschälten Knoblauchzehen, dann schiebe ich den Bräter in den sehr heißen Ofen. Nach 10 Minuten drehe ich die Tauben auf die andere Seite, nach weiteren 10 Minuten auf den Rücken. Nur noch kurz im Ofen lassen, dann müßte, wenn die Hitze groß genug war, die oben liegende Brust gebräunt sein. Die Tauben sind gar, die Brust ist innen noch rosig.
Der Knoblauch ist ebenfalls gar. Er mag von außen dunkel gebrannt sein, das spielt keine Rolle. Denn eßbar ist ja nur das Innere. Und das ist jetzt weich wie Brei. Ich zuzle es entweder aus der Schale heraus oder lege es, wenn die Königinmutter gerade zuschaut, mit Messer und Gabel frei. Es schmeckt ganz herrlich; ganz anders, als sich der nordische Mensch das vorstellt.
Dazu gibt's die extrafeinen, dünnen Bohnen, *haricots verts* genannt. Und Weißbrot. Und den besten Rotwein, den ich habe. Und beim nächsten Mal nehme ich pro Taube 10 Knoblauchzehen.

Knoblauch wirkt Wunder

Trotz seiner gesundheitsfördernden Wirkung und trotz seiner transsylvanischen Aura schrecken viele Zeitgenossen vor dem Knoblauch zurück. Gewiß ist sein Duft gewaltig. Aber wie verbessert dieser aromatische Lauch die Saucen! Er wirkt Wunder in Gemüsen, ist unerläßlich bei Lammfleisch und eine Bereicherung in Suppen und Salaten. Roh schmeckt er am schärfsten; am wirkungsvollsten ist es, ihn durchzupressen. Wird Knoblauch weichgekocht oder (mit der Schale) gebraten, verliert er seine Penetranz vollständig. Ein Kartoffelgratin mit einer Lage Knoblauch dazwischen ist ein unvergeßliches Erlebnis. Knoblauch-Fans essen ihn im Frühsommer, wenn er frisch ist, auf Butterbrot. Im Winter halbiere ich jede Zehe und schneide die grünen, bitteren Keime heraus.

Das weiß-rote Kaninchen

Im Wettstreit um die Beliebtheit bei den Amateurköchen hat das Kaninchen in aller Stille den ersten Platz erreicht. Kalb und Huhn wurden durch Massenzucht disqualifiziert, das Schwein hatte nie eine Chance, Rinder liefen ferner, und der Truthahn war bereits ausgeschieden, als er zum ersten Mal bei einem Thanksgiving Dinner gesehen wurde.
Die Erklärung für den Aufstieg ist einfach: Kaninchen werden nach wie vor so aufgezogen wie damals, als es Pharmazeutika und Kunstfutter noch nicht gab.
Nicht daß die Stallhasen nun einen überaus delikaten Geschmack hätten. Leider, das merkt man spätestens nach dem dritten Versuch, leider schmecken sie nach wenig. Einen eigenen Kaninchengeschmack, analog zum Hühnergeschmack (der noch bei Suppenhühnern zu entdecken ist und, natürlich, bei körnergefütterten Freilandhühnern à la Bresse), hat das Kaninchen nicht. Aber deshalb schmeckt es noch lange nicht nach Wasser oder nach Pappe oder nach Plastik. Sein Fleisch ist zart und fest, seine Innereien (Nieren und Leber) sind ganz große Delikatessen in, leider, kleiner Ausführung. Sie reichen gerade zum Appetithappen, wenn man sie vor dem Essen brät. Aber der Rücken und die Keulen und die unterschätzten Vorderläufe können außerordentlich leckere Gerichte abgeben.
Anders als beim umweltgeschädigten und daher fast ungenießbaren Wildhasen kann man mit einem Kanin-

chen die verschiedensten Sachen anstellen. Es läßt sich zu einem asiatischen Ragout verarbeiten, in ein elsässisches Sahnegericht verwandeln; man kann es à la Großmutter mit Senf schmoren oder aufwendig mit Morcheln servieren, *au vinaigre* wie ein Bressehuhn anrichten oder lange marinieren.
Es existieren auch Rezepte für gefüllte Kaninchen. Aber davon rate ich ab, weil sie voraussetzen, daß das Kaninchen im ganzen gebraten wird. Das aber hat automatisch zur Folge, daß der Rücken strohtrocken geworden ist, wenn die Keulen gar werden. Also Kaninchen immer als Ragout schmoren! Es gibt zwei Sorten von Kaninchen. Große, respekteinflößende Tiere, die sechs Essern genügen, und junge Kleintiere, die für zwei Esser zu viel, für drei zu wenig sind. Erstere sind auf deutschen Märkten, wo auch die Bohnen groß und die Kohlköpfe riesig sind, die Regel. Die kleinen Exemplare sind weitaus zarter und saftiger, aber die Ausnahme. Und meistens importiert.
Ein kleines Kaninchen ist bereits nach einer Schmorzeit von 40 Minuten gar, während die Riesen doppelt so lange oder sogar noch länger brauchen. Und immer – egal ob geschmort oder gekocht – muß der Rücken aus dem Topf genommen werden, lange bevor die Keulen gar sind. Und beide vertragen agressives Kochen und Braten überhaupt nicht. Also immer sanft und schonend mit der Temperatur umgehen, mehr ziehen lassen als kochen.
Dies vorausgesetzt, kann eigentlich nichts passieren. Ich lasse mir mein Kaninchen immer in 8 Teile schneiden: 2 Keulen, 2 Läufe, der Rücken zweigeteilt, die Brust ebenfalls. (Den Kopf darf der Händler behalten.)

Bei einem Großkaninchen empfiehlt es sich, daraus zwei verschiedene Gerichte zu machen. Die Keulen eignen sich vorzüglich für ein

Kaninchen mit Sauerampfersauce

Ich bereite *court bouillon*, also eine Gemüsebrühe, die hier sehr aromatisch sein muß, so stark, daß sie als Suppe zu penetrant schmeckte. Das erreiche ich durch größere Mengen der Gemüse und Gewürze:

Karotten
Lauch
Sellerie
Thymian
Nelken, Lorbeerblatt, Pfeffer, Salz

Das alles lasse ich 30 Minuten in Wasser auskochen und lege dann die beiden Kaninchenkeulen hinein. Von nun an darf die Brühe nicht mehr kochen, nur noch ziehen. Wie lange die beiden Keulen brauchen, bis sie butterzart sind, ist schwer vorherzusagen. Es spielt nicht nur die Größe eine Rolle, auch der Unterschied zwischen einem frisch geschlachteten und einem abgehangenen Kaninchen macht sich bei der Garzeit bemerkbar. Unter 1 Stunde aber geht hier nichts, und wenn es das Schicksal will, dann dauert es sogar 2 Stunden! Den richtigen Zustand der Keulen erkenne ich daran, daß sich das Fleisch am Unterbein, dort, wo die Keule

dünn ist, zu lösen beginnt. Dann ist immer noch Zeit für eine Sauce.
Zur Sauerampfersauce brauche ich naturgemäß Sauerampfer, aber mehr, als sich unsere Kochbuchweisheit träumen läßt! Für zwei Keulen (die eventuell für drei oder vier Esser reichen müssen) darf es ein Büscherl Sauerampfer sein, das ich nur mit zwei Händen umfassen kann. Geputzt, gewaschen und zusammengedrückt ist das dann schon weniger. Mit einem Kochmesser schneide ich die Blätter in feine Streifen.

Eine Prise Süden: Thymian

In einer großen Pfanne lasse ich 2 EL Butter aus, gebe die vom Waschen noch feuchten Blätter hinein und lasse sie dünsten. Salzen, pfeffern. 1/2 TL Zucker dazu und etwas Brühe angießen (vom Sud, in dem die Keulen kochen). Mit süßer Sahne auffüllen, auf großer Flamme etwas reduzieren, ständig abschmecken, einige Tropfen Zitronensaft dazu – gut so. Aber noch nicht fertig.
Denn dick wird die Sauce auf diese Art nicht. Da muß jetzt entweder ein Eigelb dran oder 100 g Butter. Ersteres ist zweifellos kalorienärmer. (Aber Butter ist Butter, da gibt es keine Diskussionen!) Also verrühre ich in einer Tasse ein Eigelb und etwas heiße Brühe und gieße es in die Sauce. Die darf jetzt nicht mehr kochen.
Während gekochtes Kaninchenfleisch vielerlei Gemüse als Beilage erlaubt, ist die Sauerampfersauce empfindsamer. Neben ihr wirken Kartoffeln, Kohl und sonstige Deftigkeiten zu dominierend. Spargel, glasierte Karotten oder junge dicke Bohnen sind eher angebracht. Nudeln oder Reis wären möglich, Weißbrot ist traditionell.
Dazu trockene, aber nicht säurebetonte Weißweine.

Den Rest des Kaninchens verarbeite ich zu einem

Kaninchen in Rotwein

Die Kaninchenstücke werden 24 Stunden in Rotwein eingelegt. Dazu brauche ich einen echten Säuerling. Französische Landweine erfüllen die Forderung meistens, auch billige Burgunder und viele Italiener. Wer aber nur Trollinger im Keller hat oder die lieblichen Roten von der Ahr, der wird noch 1/3 Rotweinessig in die Marinade gießen müssen. Außerdem kommen hinein:

15 cm Lauchstange, halbiert
1 kleine, in Scheiben geschnittene Zwiebel
1 Karotte, in Stücke geschnitten
1/2 Stangensellerie
1 zerdrückte Knoblauchzehe
2 Zweige frischer Thymian
1 TL Wacholderbeeren
1/2 TL schwarze Pfefferkörner

Alles mit Rotwein bedecken und von Zeit zu Zeit wenden. Nach 24 Stunden herausnehmen und sorgfältig abtrocknen.
In einem Schmortopf mit schwerem Boden 3 EL gewürfelten Räucherspeck in Olivenöl auslassen. Der Speck sollte nicht zu fett sein, aber einen intensiven Rauchgeschmack haben. Wird er braun, die Fleischstücke dazulegen und von allen Seiten anbraten. Eine enthäutete, entkernte und in Stücke geschnittene Tomate dazugeben. Das Gemüse aus der Marinade fischen und ebenfalls im Topf anbraten lassen. Salzen, pfeffern und von der Marinade so viel über das Fleisch gießen, daß dieses halb bedeckt ist. Deckel drauf und im Backofen bei mäßiger Hitze schmoren lassen.
Wie lange? Großes Rätselraten. Zwischen 30 Minuten beim Kleinkaninchen und 45 beim großen. War es ein Riese, braucht er vielleicht eine Stunde. Die Rückenstücke aber müssen in jedem Fall nach dem Anbraten

Olivenöl braucht Thymian

Beim Thymian gibt es Unterschiede: Er kann einem deutschen Blumentopf entstammen oder in der Provence aufgewachsen sein. Im ersteren Fall ist er sehr grün, zart und buschig; die südländische Art ist hart, grau und dürr – aber entschieden aromatischer. In meiner Küche ist Thymian das am meisten verwendete Kraut. Die Mehrheit der Fleischsaucen kommt ohne ihn nicht aus; eine beurre blanc mit Thymian zur Seezunge ist ein Hochgenuß. Wann immer ich zur Olivenölflasche greife, brauche ich auch Thymian. Man sollte ihn nie mit Estragon zusammenbringen. Thymian kann Majoran oder Oregano fast immer ersetzen; umgekehrt funktioniert das nicht.

herausgenommen und warmgestellt werden! Alter und Größe spielen dabei keine Rolle.
Auf dem Herd reduziere ich die restliche Marinade so stark, daß nur ein kleiner Rest übrig bleibt. Davon gieße ich, wenn es nötig ist, etwas in den Schmortopf. Wenn das Fleisch gar ist, nehme ich die Stücke heraus. Den Schmorsaft und den Rest der eingekochten Marinade gieße ich durch ein Haarsieb in eine Kasserolle und lasse noch einmal einkochen. So verwandeln sich 3/4 bis 1 l Wein in wenige Eßlöffel Sauce! Die wird jetzt sehr säuerlich schmecken, was aber durch die Aromen zu einem insgesamt frischen Geschmack gemildert wird.
Ich nehme die Kasserolle vom Feuer und rühre ein schönes Stück Butter hinein. Wie groß, das hängt von meiner Laune ab. Ein Teelöffel Butter bewirkt noch nicht viel; ein Eßlöffel verhilft der Sauce bereits zu schöner Geschmeidigkeit. Alles was darüber hinausgeht, verwandelt sie in eine samtige, sämige Delikatesse! Dazu Nudeln. Und ein Rotwein von bester Qualität, vorzugsweise von der Côte d'Or.

Fleisch – und wieder kein Schwein dabei

Kalbsleber mit Rosinen

Die Kalbsleber ist in unserer Küche ein dunkles Kapitel – ein dunkel verbranntes. Dieses zarteste aller Fleischstücke (nach der aus Kostengründen seltenen und aus Tierliebe verpönten Gänsestopfleber) wird üblicherweise gegrillt oder in der Pfanne in sehr heißem Fett gebraten. Beide Verfahren sind von verheerender Brutalität und verhindern, daß die Kalbsleber ihre unvergleichliche Delikatesse entfalten kann.
Ich möchte die Leber mit den Jakobsmuscheln vergleichen: Wenn sie sanft und nur ganz kurz gegart werden, handelt es sich um eine außergewöhnliche Köstlichkeit; zu heiß und zu lange gegart, verwandelt sich das empfindliche Produkt beleidigt in Hartgummi.
Unseren Metzgern scheint das nicht bekannt zu sein, sonst gäben sie sich beim Schneiden der Leberscheiben mehr Mühe als beim Zersäbeln eines Schweinegulaschs. Sie schneiden die Scheiben ungleichmäßig dick. Das aber ist bereits der erste Schritt in die falsche Richtung. Von einem bis zum anderen Ende muß eine Leberscheibe gleichmäßig dick sein, und zwar nicht dicker als ein kleiner Finger! Und sämtliche – aber wirklich sämtliche! – Sehnen oder Überreste von Adern müssen herausgeschnitten werden. Sicherheitshalber mache ich das zu Hause selber.

Der Rest ist relativ einfach (Zutaten für 2 Portionen):

2 Scheiben Kalbsleber
2 TL helle Rosinen
1 TL Zucker
1 EL Tomatenpüree
Weißwein
Rotweinessig
Trester
Butter, Olivenöl
Salz, schwarzer Pfeffer

In einer passenden Pfanne lasse ich halb Olivenöl, halb Butter aus. In das nicht übermäßig erhitzte Fett lege ich die beiden Leberscheiben. Nach nur zwei Minuten wende ich sie. Die angebratene Seite darf höchstens an den Rändern eine leichte Goldfärbung aufweisen; ansonsten sollen die Leberscheiben nicht gebräunt, sondern nur gebleicht sein. Auch die andere Seite wird mit der gleichen Zurückhaltung zugebraten.
Jetzt schütte ich ein großes Schnapsglas Trester (oder Marc oder Grappa) in die Pfanne und zünde an. Es brennt schön, ich schüttele die Pfanne, und wenn die Flammen erlöschen, nehme ich die Leberscheiben heraus und lege sie auf eine warme (aber nicht glühend heiße) Platte.
In die Pfanne gebe ich die in Weißwein eingeweichten Rosinen sowie ca. 2 EL von dem Einweichwein. Dann den Zucker, das Tomatenpüree; jetzt erst mit Salz und schwarzem Pfeffer würzen. 3 bis 4 Minuten kochen lassen. Sollte die Flüssigkeit, die jetzt zur Sauce wird,

dabei zu schnell verkochen, gieße ich von dem Einweichwein der Rosinen noch etwas dazu.
Nun 2 TL Butter in die Pfanne geben und verrühren, während ich die Pfanne an den Herdrand stelle. Die Sauce wird sämig. Ich schmecke ab. Es kann sein, daß etwas Säure fehlt, weil die Rosinen zu süß und der Wein nicht sauer genug waren. Dann spritze ich vorsichtig einige Tropfen Rotweinessig in die Pfanne. Aber nun ist es genug.
Die beiden Leberscheiben werden in die Sauce gelegt, dort gewendet und auf Tellern serviert. Darüber die Sauce…
Wer da meint, so etwas habe er häufig gegessen, der muß schon ein ausgefuchster Gourmet sein.

Lammfrikassee wie vom Kalb

Ein altes Rezept aus der Zeit, als man sich noch nicht vor der Butter fürchtete. Die Zutaten verraten es:

600 g mageres Lammfleisch
100 g Butter
1 1/2 große weiße Zwiebeln
4 Nelken
1 Lorbeerblatt
3 TL Kapern
1/2 Zitrone in Scheiben
Muskat
8 Sardellenfilets (Anchovis)

Ich nehme Fleisch von der Lammkeule. Wenn das gut abgehangen ist, dauert die ganze Braterei knapp 20 Minuten. Natürlich geht es auch mit dem Fleisch aus der Schulter. Dieses muß sehr sorgfältig pariert werden, weil es von Sehnen und Häuten stärker durch-

Je kleiner um so besser ihr Geschmack: Kapern

setzt ist; das Fett wird natürlich auch weggeschnitten, und die Garzeit dauert entschieden länger. Vor allem aber ist es, im Gegensatz zum Fleisch aus der Keule, nicht möglich, Schulterfleisch innen noch rosa zu halten. Deshalb, und wegen der weitaus längeren Garzeit, ist die Zubereitung nicht einheitlich. Gemeinsam ist beiden aber die Leichtigkeit, die Bekömmlichkeit.
Das Fleisch schneide ich in mundgerechte Würfel, also nicht so groß wie beim Gulasch. In einer tiefen Pfanne lasse ich die Butter aus und gebe die Fleischwürfel dazu. 100 g Butter bilden keinen dünnen Film auf dem Pfannenboden, der leicht verbrennt, sondern kochen vergnügt vor sich hin, ohne Schaden zu nehmen. Das ist hier auch beabsichtigt; denn in dieser Butter wird das Fleisch mehr gekocht als gebraten: daher die Leichtigkeit eines Frikassees.
Wenn das Fleisch von allen Seiten geschlossen ist (braun wird es nie), salze ich und gebe alle Zutaten hinzu – außer den Sardellenfilets. Deckel drauf. Bei Fleisch aus der Keule dauert es jetzt nur noch 15 Minuten (man muß das probieren!), bis die Fleischwürfel gar sind, was hier bedeutet, daß sie innen noch saftig sind. Die Zwiebelringe sind, wenn es wirklich weiße Zwiebeln waren, in der kurzen Zeit ebenfalls gar geworden, ohne daß ich allerdings darauf versessen wäre, sie essen zu wollen. Wichtig ist nur, daß sie den Geschmack und die Konsistenz der Sauce beeinflußt haben. Die Sardellenfilets werden, kleingehackt, erst in den letzten Minuten zum Fleisch gegeben.
Beim Abschmecken bin ich vorsichtig. Es kommt mir zunächst ein wenig zu sanft vor, zu fein; aber das ist gerade das Angenehme an diesem Frikassee, daß es

Schmackhafte Kapern

Die handelsüblichen Kapern sind ziemlich groß. Je kleiner sie sind, um so besser ist jedoch ihr Geschmack. Die kleine Sorte ist daher rar. Ich verwende Kapern häufig zusammen mit Zitronenfleisch in einer Fischpfanne. Oder bei einem Lammfrikassee. Oder bei der klassischen Version des Kalbshirns in brauner Butter, eine in Vergessenheit geratene Delikatesse. In Verbindung mit einer weißen Buttersauce (beurre blanc) sind Kapern eine feine Ergänzung, in der Sauce Gribiche und zu Königsberger Klopsen eine herzhafte Notwendigkeit.

nicht so wuchtig ist wie ein Gulasch. Ach ja, die angeblich so große Menge Butter! Sie ist vom Fleischsaft unvermeidlich verdünnt worden und beweist nun (vorausgesetzt, die Lammwürfel waren wirklich sehr gründlich von jeglichem Fett befreit), daß Butter zu Unrecht als mächtig und sättigend dargestellt wird. Mit Fleisch von der Lammschulter wird der Geschmack etwas anders sein. Da haben Zwiebeln, Nelken, Muskat, Lorbeerblatt und die Kapern länger Zeit, ihre aromatisierende Kraft durchzusetzen. Das Resultat ist logischerweise eine kräftigere Sauce. Dennoch ist dies Frikassee immer eine ungewöhnlich leichte, frische Speise. Zu der ich Spargel, Blumenkohl oder geschmorte Gurken serviere. Und keine Kartoffeln und keinen Reis, sondern Weißbrot.

Gefüllte Gurken mit Safranlamm

Im Prinzip ist dies nichts Neues. Gurken, dieses zunächst wässerige und eher nichtssagende Gemüse, werden häufig mit einer Füllung gekocht, damit sie überhaupt nach etwas schmecken. Die Füllung, beziehungsweise die darin enthaltenen Gewürze, entscheidet über Banalität oder Delikatesse des Essens. Wirklich zur Feinen Küche avancieren Gurken eigentlich nur in Verbindung mit Fisch. (In früheren Veröffentlichungen habe ich darüber berichtet.)
Hier besteht die Füllung aus Lammfleisch, welches auf nicht alltägliche Weise gewürzt wird. Die ganze Geschichte ist ein wenig arbeitsaufwendig, aber nicht kompliziert.

Für 4 Personen brauche ich:

Für die Füllung:
400 g Lammfleisch von der Keule
oder der Schulter, von allen Häuten
und Sehnen und vom gröbsten Fett befreit
3 Schalotten, 1 Ei
1 EL Sardellenfilets (Anchovis)
150 g Schafskäse (im Block, aus der Lake)
Safranpulver
frischer Thymian
schwarzer Pfeffer
Salz, Weißwein, Butter

sowie: 4 Gärtnergurken
kleine, junge Kartoffeln
Sahne
Bindfaden

Zunächst bereite ich die Gurken vor. Auch Schlangengurken sind brauchbar, aber nicht so gut wie die kürzeren und dickeren Gärtnergurken. Diese werden geschält, der Länge nach halbiert und die Kerne sowie das wässerige Innere mit einem Löffel gründlich herausgekratzt. Es erleichtert das Gelingen, wenn die Gurken an beiden Enden gleich dick sind. Gurkenteile, welche dicker sind, werden nicht richtig gar und nehmen deshalb keinen Geschmack an. Das Fleisch lasse ich vom Metzger haschieren oder drehe es zu Hause durch den Fleischwolf. Ich vermenge es gründlich mit dem verquirlten Ei, dem zerbröselten Käse, den zerhackten Kapern und ebenfalls zerkleinerten

Anchovis. 1 TL Thymian dazu, aus der Mühle pfeffern und leicht salzen.
Nun schneide ich die Schalotten in sehr feine Stücke und dünste sie in einer Kasserolle in 1 EL Butter an, ungefähr 7 Minuten, bis sie weich, eventuell hellgelb, aber nicht braun geworden sind. Dann gieße ich ein kleines Glas Weißwein in die Kasserolle und löse darin eine Messerspitze Safranpulver auf. Die Schalotten, ihr Saft und der Wein färben sich gelb. Alles zusammen gieße ich in das Hackfleisch und vermische es gründlich. Die Farbe des Safrans ist auch jetzt noch sichtbar, darf aber nur noch blaßgelb sein.
Die Hackmasse fülle ich in die ausgehöhlten Gurken, klappe diese zusammen und umwickele sie mit einem Küchengarn. (Gibt's beim Metzger.) Die Gurken von außen leicht salzen und in eine gebutterte, feuerfeste Form legen. Auf die mittlere Schiene des auf 180° vorgeheizten Ofens schieben und dort 1 Stunde garen lassen. Von Zeit zu Zeit herumdrehen.
Die Garzeit ist, wieder einmal, unverbindlich. Ich weiß auch nicht, warum die Gurken manchmal schon nach 40 Minuten gar sind, manchmal kaum nach einer Stunde. Gar, und zwar durch und durch gar, müssen sie unbedingt sein, weil erst dann der Geschmack der Füllung in das Gemüse eindringt und es aromatisiert. Solange es nur nach Gurke schmeckt, schmeckt es schlecht.
Wenn sie nun gar sind, nehme ich die Gurken aus der Bratform und stelle sie warm. Wie das Gurken so an sich haben, ist ihnen während des Dünstens sehr viel Flüssigkeit ausgelaufen, welche sich mit dem ausgetretenen Fleischsaft und dem geschmolzenen Käse zu

Die Knolle in Variationen: Zwiebel

einer zwar dünnen, aber intensiven Sauce verbunden hat. Je nach deren Menge lasse ich sie mehr oder weniger einkochen und gieße frische Sahne an.
Wieviel Sahne – das ist Gefühlssache; die Zunge hilft mir bei der Entscheidung. Und ganz zum Schluß gebe ich noch einen Eßlöffel frischen, gehackten Estragon hinzu. Ich hatte bei meinen Versuchen nie das Gefühl, daß da noch nachgewürzt werden müsse. Die lange Garzeit und die aromatische Füllung sorgen automatisch dafür, daß der schöne Geschmack wie von selbst entsteht. Wenn es aber sein muß: Mit Salz und Pfeffer läßt sich immer noch etwas nachwürzen.
Pro Person lege ich eine gefüllte Gurke auf den Teller (den Faden habe ich vorher abgemacht), übergieße sie mit dem zur Sauce gewordenen Bratensaft und serviere dazu in Butter geschwenkte Pellkartoffeln. Wer da behauptet, dies sei letztlich eine alte Hausmannskost, der hat die Magie des Würzens nicht begriffen!

Zwiebelfleisch (boeuf miroton)

Früher gehörte dieses Rezept wahrscheinlich in die Kategorie »Resteverwertung«, damals, als für eine gute Suppe das Rindfleisch noch kiloweise ausgekocht wurde. Bei den Suppen von heute fällt als Rest höchstens ein Plastikbeutel an. Das Fleisch für ein *boeuf miroton* kaufe ich speziell für diesen Zweck. Also Kochfleisch. Gekocht ist ohnehin meistens besser als gebraten, nämlich leichter und bekömmlicher.
Wieviel Fleisch und von welchem Stück, das hängt oft

vom Zufall ab. Rinderfilet – nein, das wäre zu fein, zu aufwendig. (Obwohl es gut schmeckt!) Mager muß es sein, das Fleisch, darf aber nicht faserig werden. Eine Aufgabe für den Metzger also. Er soll mir das beste Stück Rindfleisch geben, das er hat. Vielleicht Tafelspitz; oder ein Stück aus der oberen Keule.
Die Qualität des Fleisches entscheidet auch über die Kochzeit. Von 20 Minuten (beim Filet) bis zu 3 Stunden ist alles möglich. Wichtig ist nur dies: Nachdem das Fleisch in die kochende Brühe gehängt oder gelegt wurde, darf die nie mehr kochen. Achtzig Grad Celsius sind genug: da kann nichts passieren. Die Voraussetzung für das Aroma ist ein kräftiger Sud aus

Zwiebel, Sellerie
Karotte, Lauch, Thymian,
Lorbeer, Salz, schwarzem Pfeffer

Wenn das Fleisch gar ist, darf es ruhig im Sud erkalten und dort die Nacht verbringen. Am nächsten Tag brauche ich

eine große Menge Zwiebeln

Diese haben nämlich die Eigenschaft, erstaunlich viel an Volumen zu verlieren, wenn sie gedünstet werden. Und das geschieht jetzt mit ihnen. Ich enthäute sie und schneide sie in sehr dünne Scheiben, welche ruhig auseinanderfallen dürfen, da das beim Dünsten sowieso geschieht.
In einer großen Pfanne lasse ich Butter und Olivenöl zu gleichen Teilen heiß werden, viel Butter und viel Öl!

Keine Zwiebelsorte gleicht der anderen

Ein Schmorbraten ohne Zwiebeln ist ebenso undenkbar wie eine zwiebellose Fleischbrühe. In beiden Fällen ist die tränentreibende Knolle Gewürz. Als Gemüse (wie glasierte Zwiebelringe süß-sauer) oder als Bestandteil einer Quiche (Elsässer Zwiebelkuchen) behauptet sie sich ebenso, wie sie, roh im Salat, die Weintrinker in die Flucht schlagen kann. Eine Zwiebelsorte gleicht der anderen so wenig, wie alle Kartoffeln gleich schmecken; die Unterschiede zu berücksichtigen, sollte für eine gewissenhafte Köchin selbstverständlich sein. Darüber hinaus gebietet die kulinarische Vorsicht, Zwiebeln durch Schalotten zu ersetzen, wo das nur möglich ist. Vor allem in Saucen, denen die Zwiebel selten bekommt.

Dahinein die Zwiebeln, gut salzen und pfeffern und ohne Deckel langsam garen lassen. Das wird, je nach dem Alter der Zwiebeln, 20 Minuten bis eine Stunde dauern. Irgendwann dazwischen gebe ich einen guten Schuß

Weinessig

hinzu. Wenn sie gar sind – wirklich richtig weich! – nehme ich die Zwiebeln aus der Pfanne und lasse sie in einem Sieb abtropfen. Nun schneide ich das kalte Rindfleisch in sehr dünne Scheiben, ungefähr 3 bis 5 mm dick. Davon lege ich eine Schicht auf den Boden einer feuerfesten Form (kann flach sein oder hoch; oval oder eckig oder rund: alles geht), bedecke sie mit einer Schicht Zwiebeln, welche ich vorher abgeschmeckt und, wenn nötig, nachgewürzt habe. Darauf wieder eine Schicht Fleisch und darauf wieder Zwiebeln. Wahrscheinlich merke ich jetzt, daß ich zu wenig Zwiebeln habe. Denn, wie gesagt, es bleibt wenig davon übrig, wenn man sie dünstet.
Nun die Form ohne Deckel in den heißen Backofen stellen. Nach 20 Minuten ist alles schön durchgewärmt und damit fertig. Möglichkeiten zur Befriedigung meines Aktivismus finde ich immer, so auch hier. Vielleicht ist das Fett so gründlich von den Zwiebeln abgetropft, daß ich auf die oberste Schicht guten Gewissens mehrere Butterflöckchen plaziere. Oder ich habe einen trockenen Ziegenkäse, oder einen wirklich guten, das heißt aromatischen Emmentaler aus der Schweiz zur Hand. Davon einige Scheiben auf die Oberfläche legen. Das gibt dem Topf zwar eine unorthodoxe Rich-

tung, schmeckt aber gut. Dazu Langkornreis und sonst nichts. Doch: einen fruchtigen Weißwein. Oder einen jungen, kühlen Roten.

Daube provençal Jean Giusti

Es gibt Gerichte, die sind auf den ersten Blick wenig raffiniert und bestätigen bei genauerem Hinsehen diesen Eindruck: schlichte Bestandteile ohne großartige Zutaten, normal gekocht. Dazu gehört dieses Rindergulasch. Doch wegen einer schwer zu beschreibenden Eigenschaft schätze ich es sehr. Es sind seine Frische und die Reinheit des Geschmacks, die es über den Durchschnitt erheben.
Und leicht, sehr leicht ist es auch (Zutaten für 2 bis 3 Personen):

500 g mageres Rindfleisch
20 g getrocknete Steinpilze
Tomatenpüree
3 Pfefferschoten (Cayenne)
2 Karotten
Olivenöl, Salz

Für die Marinade:

3/4 l Rotwein
1 Zwiebel
1 zerdrückte Knoblauchzehe
1 bouquet garni
(Lauch, Lorbeer, Thymian, Sellerie- und Karottenstück)

Das Fleisch in Stücke schneiden, die doppelt so groß sind, wie man sie auf der Gabel haben möchte. 24 Stunden marinieren. Die Steinpilze drei Stunden in Wasser einweichen. Die Fleischstücke aus der Marinade nehmen, abtrocknen und in einem schweren Schmortopf in heißem Olivenöl von allen Seiten anbraten. Salzen. Das Gemüse aus der Marinade fischen und zum Fleisch legen. Leicht anrösten. Mit der Marinade begießen. Pilze, Pfefferschoten und 1 TL Tomatenpüree dazugeben und zugedeckt 90 Minuten auf dem Herd simmern lassen.

Nach 30 Minuten die Karotten in mundgerechte Stücke schneiden und dazugeben. Abschmecken, eventuell nachsalzen. Der Deckel muß nicht luftdicht schließen; es darf von der Schmorflüssigkeit ruhig ein Teil verdampfen. Nach 90 Minuten ist das Fleisch zwar gar, aber keineswegs mürbe, das gelingt bei magerem Rindfleisch nie, es sei denn, ich verwendete ein Stück Tafelspitz. Doch das ist nicht im Sinne dieses Rezepts. Also wird das Fleisch relativ hart sein. Aber lecker.

Manchmal aber, wenn mein Metzger seinen guten Tag hatte, genügte jedoch eine Kochzeit von nur 60 Minuten; das muß ich probieren. Weiteres Garen würde das Fleisch nur austrocknen.

Die Sauce bleibt wie sie ist: dünner Schmorsaft, keine Butter. Trotz dieser Einfachheit schmeckt es wunderbar aromatisch und frisch!

Dazu gebratene Polentaschnitten oder Grießnockerln.

Süßes kann nicht Sünde sein

Reisauflauf mit Trockenfrüchten

Nein, die Reispuddings der Kindheit mit ihrer undifferenzierenden Süße sind hier nicht gemeint. Sie mochten uns Schulpflichtigen höchstes Glück bedeuten. Doch die erwachsene Zunge ist anspruchsvoller. Deshalb nehme ich für Reis-Desserts nicht den pappigen Rundkornreis, sondern Langkornreis. Überhaupt ist die Verwendung von süßem Reis begrenzter als die von gesalzenem. Reis mit Schokolade? Es gibt solche Rezepte. Aber die Vorstellung davon ist befremdend.
Anders als beim Salz sind wir bei süßen Sachen nicht so empfindlich. Da können Desserts aufdringlich süß sein, ohne daß sie als mißraten gelten, was sie in Wirklichkeit jedoch sind. Dies zu vermeiden, ist bei folgendem Rezept meine Hauptsorge.
Ich nehme dazu zwar Langkornreis, aber nicht, wie sonst, den vorbehandelten (Parboiled Rice), sondern die einfache, gebleichte Sorte. Er wird nicht gewaschen und mit der doppelten Menge ungezuckerter Milch aufgesetzt. Zum Kochen bringen und danach bei 70° 2 Stunden im Backofen quellen lassen.
Getrocknete Aprikosen und helle Rosinen 5 Stunden, halbweiche Dörrpflaumen 2 Stunden in Weißwein einweichen, dem ich 4 Gewürznelken und ein daumengroßes Stück Orangenschale beigegeben habe. Es sollten doppelt so viele Aprikosen wie Pflaumen sein.
Danach die Pflaumen entkernen und, wie auch die Aprikosen, kleinschneiden. Mit den Rosinen und den Nelken im Wein zum Kochen bringen, 1/2 TL Honig dazu (bei 4 kleinen Portionen) und so lange köcheln

lassen, bis die Flüssigkeit sich zum Sirup verdickt. Das dauert etwa 20 Minuten.
Währenddessen habe ich pro Portion 1/2 Eigelb und 1 EL Sahne verrührt.
Nun nehme ich kleine, feuerfeste Portionsschalen (Charlotteform) und buttere sie aus. Ich vermische etwas Zucker und Zimt und streue die Schälchen damit aus.
Jetzt vermische ich den fertigen Reis das Obst (die Nelken und die Orangenschale werden herausgefischt) und die Eier-Sahne und fülle damit die Schälchen. Diese stelle ich in eine Reine, welche ich mit heißem Wasser aufgieße und in den heißen Ofen stelle. Dort wird das Eigelb mit der Sahne die Reismasse nach kurzer Zeit zum Stocken bringen (die Förmchen sind ja sehr klein). Fertig.
Ich habe hier bewußt keine exakten Mengenangaben gemacht. Gelingen tut das immer. Das Verhältnis von Obst und Reis bestimmt lediglich den Geschmack und Charakter dieser Süßspeise. Entweder bürgerlich-sättigend mit mehr Reis oder aromatisch mit mehr Obst. Dem Aroma kann noch nachgeholfen werden durch Kirschwasser, welches ich vor dem Servieren in die Förmchen gieße. Ich kann auch die Rosinen separat in Rum einweichen. Oder die köchelnden Früchte mit einer Prise pulverisierten Cayennepfeffer würzen.

Ersetzt
in jedem Fall
den Zucker:
Honig

Version Soufflé

Hierfür nehme ich anstatt Eigelb und Sahne nur steif geschlagenes Eiweiß, das ich unter den fertig vermischten Reis ziehe. Im Wasserbad köcheln lassen, bis das Eiweiß sich gefestigt hat. Richtig aufgehen wie beim klassischen Soufflé kann die Masse nicht, dazu ist sie zu schwer. Dennoch bringt das Eiweiß eine erfreuliche Leichtigkeit in diese Variation. Dazu serviere ich eine säuerliche Himbeersauce, die ich nach Belieben mit Himbeergeist verfeinere.

Crème Karamel

Wenig Nachspeisen sind so bekannt und werden so selten gegessen. Die Créme Karamel ist ein geradezu klassisches Dessert, aber niemand kann sich erinnern, daß sie zu Hause gemacht wurde. Gegessen haben wir die Crème schon alle: Als fertig gekaufte Süßspeise sowie im Gasthaus, wo sie auch nicht gezeugt wurde. Verständlicherweise war unser Eindruck nicht dazu angetan, in uns den Wunsch nach weiteren Karamelcrèmes zu wecken.
Das ist bedauerlich, weil nämlich die Crème Karamel einen sehr reinen Geschmack hat, nicht übermäßig süß ist und auch nach einem großen Essen noch angenehm leicht wirkt – sofern man sie selbst herstellt. Eine hausgemachte ist mit einer konfektionierten Crème Karamel überhaupt nicht zu vergleichen. Das ist wie mit

den Weihnachtsplätzchen von der Oma und jenen aus der Großbäckerei. Zutaten für 6 Portionen:

1/2 l Milch
100 g Zucker
2 Eier, 3 Eigelb
1/2 Stange Vanille

125 g Zucker
1 EL Rotweinessig
1 EL Butter

Die halbe Vanillestange wird der Länge nach mit einer Schere geteilt, damit das Innere sein Aroma an die Milch abgeben kann. Mit dieser und den 100 g Zucker kurz aufkochen und etwas abkühlen lassen.
Die ganzen Eier und die Eigelbe miteinander verquirlen. Die noch warme Milch durch ein Sieb (wegen der Vanille) in die Eier gießen, dabei rühren.
Währenddessen einen Topf mit schwerem Boden aufsetzen und darin die 125 g Zucker mit nur wenig Wasser zum Kochen bringen. Solange köcheln lassen, bis der Zucker geschmolzen ist, eine sirupartige Konsistenz und eine hellbraune Farbe hat – eben die sprichwörtliche Karamelfarbe. Dann mit einem Guß Rotweinessig ablöschen, das stoppt den Kochvorgang.
Den Karamel gieße ich in kleine, ausgebutterte und feuerfeste Portionsförmchen; 1 EL pro Form genügt. Eventuell kippe ich sie dabei ein wenig; der Karamel wird schnell dick und verläuft nicht leicht.
Nun fülle ich mit einer Kelle die Eiermilch in die Formen und stelle sie in eine Reine, welche ich mit kaltem

Wasser soweit aufgieße, daß die Formen mindestens bis zur Hälfte im Wasser stehen. Die Reine kommt in das untere Drittel des heißen Ofens, wo die Crème langsam zu stocken beginnt. Insgesamt wird es eine Dreiviertelstunde dauern, bis sie den richtigen Zustand erreicht hat: Die Oberfläche ist dunkelgelb bis hellbraun geworden, und wenn ich ein Messer in eine Crème stecke, muß es vollkommen sauber wieder herauskommen.
Sollte der Ofen zu heiß sein (was die Garzeit verkürzt), wird die Crème löcherig und verbrennt an der Oberfläche. Deshalb lieber länger, lieber sicherer. Den braunen Karamel habe ich nicht aufgebraucht; ein größerer Rest ist noch im Topf und inzwischen steinhart geworden. Ich setze ihn mit etwas Wasser auf, bis der Zucker wieder geschmolzen ist. Nun ist er nicht mehr sirupartig, sondern dünnflüssig, und so bleibt er auch: er ist zur Karamelsauce geworden. Diese läßt sich, in einer Flasche verschlossen, gut im Kühlschrank aufheben. Bei der nächsten Gelegenheit versüßt sie mir ein Vanilleparfait, ein Honigeis oder ähnliche Leckereien.
Die Förmchen nehme ich aus dem Wasserbad und lasse sie auskühlen. Man kann sie so in der Form servieren, aber dafür hätte ich sie nicht auszubuttern brauchen. Ich stürze sie also auf einen Dessertteller und übergieße sie mit ein wenig Karamelsauce: lecker und lokker, fein und leicht!

Honig in Variationen

Honig kann praktisch überall den Zucker ersetzen, wie er das ja auch tun mußte, bevor der Rohrzucker entdeckt wurde. In der Chinesischen Küche ist Honig unentbehrlich bei den lackierten Enten; auch die süß-sauren Gerichte Ostasiens verdanken ihre Delikatesse meistens dem Honig. Es müßte möglich sein, die geschmacklichen Unterschiede der verschiedenen Honigsorten auszunützen. Der dunkle Tannenhonig, der scharfe von den Löwenzahnwiesen, Lindenblütenhonig und Honig aus den blühenden Akazienwäldern – die Variationsbreite ist erstaunlich. Wichtig sind mir aber vor allem zwei Eigenschaften: wenig Säure und wenig Zucker. Nur ein Honig, dessen Süße das spezifische Blütenaroma nicht kratzig überdeckt, ist delikat. Meinen Lieblingshonig haben die Bienen in Lavendelblüten gesammelt.

Mascarpone

Dies ist die Anleitung zur Herstellung einer Kalorienbombe. Ihre Wirkung übertrifft die der gesüßten Schlagsahne um das Fünffache, ihr Wohlgeschmack ist zehnmal größer. Alle Versuche, ein Verbot der Mascarpone...nein, versucht hat das noch niemand. Im Gegenteil: Wer einmal davon nascht, ist dem süßem Seim für immer verfallen.
Das Grundprodukt ist italienisch, hat 80 Prozent Fett i.d.Tr. und wird auf der Packung als Frischkäse bezeichnet. Wieso, weiß ich nicht. Es sieht nicht aus wie Käse und schmeckt nicht wie Käse. Es ist ein dikker, fester, weißer Rahm.
Dieser dicke Rahm wird auf die nachfolgend beschriebene Weise angerichtet und auf oder neben Sandtorten serviert. Sodann braucht man ihn, um das beliebte Tiramisu herzustellen, und er paßt überall dort, wo normale süße Sahne zu fettarm, zu leicht und nicht lekker genug erscheint. Also oft.
Um die 80 Prozent Fett in die schiere Wonne umzuwandeln, sind nur wenige Dinge nötig:

500 g Mascarpone
5 Eier
5 EL Zucker
Cognac oder Rum

Die Eier werden getrennt, das Eigelb mit dem Zucker verschlagen, bis eine weißliche, homogene Masse entsteht. Diese mit der Mascarpone vermischen. Nun das Eiweiß sehr fest schlagen (eine Prise Salz nicht ver-

gessen!) und unter die Eier-Crème ziehen. Anders als bei einer Soufflémasse muß ich das Eiweiß hier nicht vorsichtig unterheben, ich benutze also den Elektrorührer. Abschließend mit Cognac oder Rum aromatisieren. Wieviel Rum (oder Cognac), das ist Geschmackssache. Ich plädiere für einen doppelten oder dreifachen, also ein kleines Weinglas voll.
Die Angabe »5 EL Zucker« ist bewußt ungenau gehalten. Der Eßlöffel kann, je nach Geschmack, gestrichen oder gehäuft voll sein. Hinterher nachzuzuckern ist nicht empfehlenswert, da der Zucker sich dann nicht mehr auflöst und zwischen den Zähnen knirscht.
Theoretisch betrachtet, ist diese Crème ziemlich primitiv. In der Praxis aber essen auch dekadente Gourmets davon mehr, als ihrer Figur zuträglich ist.

Apple Crumble

ist ein engliches Rezept, fast primitiv einfach und auch geschmacklich irgendwie normaler Hausmannskost verwandt. Doch spätestens wenn sich verwöhnte Feinschmecker mit dieser Hausmannskost den Teller zum dritten Mal füllen, wird klar, daß sich hinter dem scheinbar rustikalen Apfelgratin mehr verbirgt als der obere Teil eines Apfel-Streuselkuchens. Die Zutaten:

1 kg Äpfel (Golden Delicious)
2 EL Zucker
1 TL Zimt
80 g Rosinen

1 Glas Weißwein oder Apfelmost
Saft 1 Zitrone
1 Prise Nelkenpulver

Für die Streusel:
100 g Mehl
50 g Butter
50 g Zucker

200 g Crème fraîche

Die Äpfel schälen, vierteln, das Kerngehäuse herausschneiden und die Viertel noch einmal halbieren. Mit Zucker, Zimt, Nelkenpulver, Zitronensaft und dem Wein aufsetzen und zugedeckt leicht köcheln lassen, bis die Äpfel gerade gar, aber noch nicht sehr weich sind. Die Flüssigkeit sollte so gut wie verkocht sein. Die eingeweichten Rosinen untermischen und alles in eine flache Gratinform geben. Mehl, Zucker und Butter miteinander verkneten, wobei sich die Streusel fast automatisch bilden. Auf die Äpfelmasse streuen und unter der Oberhitze im Ofen gar werden lassen. Das sollte langsam geschehen (ca. 30 Minuten), damit das Mehl nicht mehr roh schmeckt. Abschließend unter dem Grill oder bei verstärkter Oberhitze leicht anbräunen. Zum warmen Apfelgratin serviere ich – und das ist der Pfiff bei der Sache – gut gekühlte Crème fraîche. Diese leicht säuerliche, dicke Sahne bringt einen herrlichen Kontrast zum süßen Obst. Und weil Oma und die Kinder es nicht so schätzen wie ich, präpariere ich extra für mich und meine Gesinnungsgenossen eine Schale Crème fraîche, in die ich ein nicht zu kleines Glas Calvados eingerührt habe.

Das schlichteste Dessert ist Obst. Eine Birne, ein Apfel, Weintrauben – simpler geht es nicht. Gleichzeitig ist diese Simplizität die Form gewordene Idee vom klassischen Mahl. Doch uns Wohlstandsessern genügt das nicht. Wir wollen zusätzlich Sahne und Saucen, Crème und Kompott. Sei's drum. Schließlich ist ein Obstteller noch keine Kochkunst. Deshalb hier zwei Rezepte, die zwar auf frischem Obst basieren, nicht aber auf dessen Verarbeitung verzichten.

Honighimbeeren mit Vanilleeis

In einer großen Pfanne auf mittlerer Hitze einen Eßlöffel Butter und einen gehäuften Teelöffel Honig flüssig werden lassen. So viele Himbeeren einstreuen, daß sie noch Platz haben, sich zu bewegen. Durch Schütteln der Pfanne (bei verstärkter Hitze) die Himbeeren in der Honigbutter rollen bis sie von allen Seiten damit bedeckt sind. Warm mit Vanilleeis servieren... In dem sehr unwahrscheinlichen Fall, daß die Himbeeren nicht genug eigene Säure haben, müssen sie mit einigen Tropfen Zitronensaft gesäuert werden.
Dies ist unerläßlich bei

Karamelisierte Birnen mit Himbeeren

(4 Portionen)

Zwei große, ungeschälte Birnen waschen und von oben nach unten in Scheiben schneiden, welche nicht ganz 1 cm dick sein sollten. Das Kerngehäuse mit einem

Löffel herausstechen. Die Birnen mit Zitronensaft gründlich beträufeln und 20 Minuten ziehen lassen. Dann die Scheiben zusammen mit 100 g Zucker und 80 g Butter in einen Pfanne legen und auf mittlerer Hitze ca. 5 Minuten köcheln lassen. Während dieser Zeit die Scheiben wenden. Der Zucker karamelisiert und verbindet sich mit der Butter. Wenn der Karamel zähflüssig wird, mit einem Gläschen Himbeergeist ablöschen. Die Scheiben auf Tellern anrichten und mit dem Karamel übergießen. Jede Birnenscheibe mit einer Himbeere dekorieren.

Das gleiche Rezept läßt sich auch mit Kirschen machen. Es müssen allerdings gekochte oder eingemachte Kirschen sein; der zum Ablöschen benutzte Schnaps ist dann natürlich ein Kirschwasser.

Register